U0678653

用经营解决管理问题

阿米巴经营
实践指南

Amiba Operation

经济管理出版社
ECONOMY & MANAGEMENT PUBLISHING HOUSE

图书在版编目（CIP）数据

阿米巴经营实践指南/田和喜著. —北京：经济管理出版社，2013.4（2019.10重印）
ISBN 978-7-5096-2386-2

Ⅰ.①阿… Ⅱ.①田… Ⅲ.①稻盛和夫—企业管理—经验 Ⅳ.①F279.313.3

中国版本图书馆 CIP 数据核字（2013）第 057244 号

策划编辑：何　蒂
责任编辑：何　蒂　杨国强
责任印制：木　易
责任校对：李玉敏

出版发行：经济管理出版社
　　　　　（北京市海淀区北蜂窝 8 号中雅大厦 A 座 11 层　　100038）
网　　　址：www. E-mp. com. cn
电　　　话：（010）51915602
印　　　刷：唐山昊达印刷有限公司
经　　　销：新华书店
开　　　本：720mm×1000mm/16
印　　　张：14.25
字　　　数：212 千字
版　　　次：2013 年 4 月第 1 版　　2019 年 10 月第 15 次印刷
书　　　号：ISBN 978-7-5096-2386-2
定　　　价：38.00 元

阿米巴经营的神奇魅力

稻盛和夫于 1959 年创办京瓷，在阿米巴经营的推动下，快速发展成在全球拥有 230 家企业的世界 500 强，且从未亏损过，利润率一度高达 60%。

创立于 1984 年的 KDDI（日本第二大电信运营商），面对 NTT（日本电话电报公司）这样的庞然大物，不但没有被击垮，反而奋勇发展，现在已经成为年盈利超过 5000 亿日元的巨型企业，目前在世界 500 强中排名第 230 位。

日航空是亚洲最大、世界第三大的航空公司，曾经的世界 500 强。2010 年，公司在外部遭遇寒流、内部经营不善的情况下，宣布破产退市。阿米巴经营的导入让它奇迹般的实现"V 型复活"，2010 年成为全球航空业的盈利冠军（利润率 13.83%，利润 1884 亿日元），2011 年度利润再创历史新高（利润率 17.78%，利润 2047 亿日元）。2012 年 9 月 19 日，日航重生上市，创下航空业史上融资最多的奇迹。

……

中国企业在感慨稻盛和夫成就 3 家世界 500 强的同时，更应该清醒意识到——阿米巴经营完全适合不同行业、不同规模的企业，只要掌握阿米巴经营背后的本质，就可以实现快速复制。

如何正确学习稻盛和夫

稻盛和夫作为一个日本第二次世界大战后经济奇迹的缔造者、见证者和泡沫破灭的经历者，缔造了京瓷集团和KDDI两家世界500强企业，并在退出商界十三载后重新出山，两年后让"破产退市"的另一家原世界500强——日本航空重新上市，是"唯一健在日本经营四圣"。

头顶光环的稻盛和夫，其传奇的人生经历和卓越成就近年来为国人津津乐道，中国企业界掀起一股"向稻盛和夫学习"的狂潮。于是，在中国大大小小的各种讲坛和课堂上，充斥着各式各样传授稻盛和夫成功秘诀的布道者，大有"当年鉴真东渡，今昔稻盛西来"之势。

"成功学派"的大师们在台上挥舞着"成功方程式"（成功＝思维方式×热情×能力）的大旗，滔滔不绝地向渴望成功的听众们讲述稻盛和夫的经营哲学。

"管理学派"的咨询师们打着"阿米巴经营"的旗号，乘着经济不景气的东风，向急切渴望进步的中国企业推销着自己"装着水的药葫芦"。

稻盛和夫的初衷绝不是兜售"文化快餐"。然而，在逐利和概念高度泡沫化的商业时代，为了迎合人们的胃口，几乎所有的知识都在被包装，稻盛和夫的经营思想亦不例外，看似便于食用，实则不利于消化，不得其理，甚至有害！

我们应该如何来学习稻盛的经营哲学与阿米巴经营呢？

成功是一种结果，而不是一个原因。一个人之所以伟大，绝不是因为他本身有多么伟大，而是因为他按照伟大的原理·原则去思考、去实践，以完善自己的人格！可是，当把稻盛和夫的神化被等同于他事业的成功时——恰恰成了对于"成功"的最大曲解。

稻盛和夫本身并没有"创造"哲学。他"敬天爱人"的经营哲学，源于日本明治维新干将西乡隆盛，而中国的王阳明才是西乡隆盛的精神导师。中国企业家可以大谈稻盛的"做人何谓正确",却很少有人去研学我们古代先人的智慧,并一以贯之践行。其实,稻盛和夫只是一个传统哲学、宗教伦理的实践者和坚守者,无时无刻不在督促自己回归到原点——一个自然朴素的人。日本企业家从中国传统文化中源源不断吸取养份,而中国自家的思想藏于深闺国人却不知!

稻盛和夫的经营哲学只能由稻盛和夫自己说,别人一说就错!学习稻盛和夫的经营哲学最好的方式就是联系自己实际经历体悟,体悟到的才自己的;同时不断总结,而后形成自己的体验报告,并贯彻到企业经营的实践中去,形成自己的经营管理体系,才能真正产生生产力。

稻盛和夫的经营哲学给中国企业提供了一个"巨人的肩膀"。成功是有捷径的,稻盛和夫的经营学问也无不折射出"经营之神"松下幸之助和"日本实业之父"涩泽荣一的影子!

璀璨的中国文化,国人根本不缺哲学,而缺乏在现代商业活动中经营哲学是如何在企业进行实践的经营框架系统,即中国企业领袖如何带领全体员工展开集体修炼!

如果说稻盛哲学的落地根基,那么与之一脉相承的经营会计和阿米巴经营则是帮助稻盛和夫完成"从个人修炼到集体修炼的"系统实践方法!

稻盛和夫依据其长期经营经验,总结出的独特阿米巴经营体系,绝对不能够将其方法论照单全收。而是要以本企业的经营哲学为指导,遵从经营的原理·原则,来量身定制真正属于本企业的经营管理体系(阿米巴经营体制)。

集"商人、企业家、哲学家、经营顾问"于一身的稻盛和夫,具有日本人双面极端的性格特质——凶狠与慈悲、粗俗与儒雅共存。他是遵守企业经营科学与艺术高度融合的典范,同时将其两面性的性格极端发挥到极致!

如果我们领会稻盛和夫的经营思想于表面,将造成最大的误读!正因如此,我才出版了《阿米巴经营实践指南》著作,并在展开《阿米巴经营原理与推行实践》教学的同时,系统运用【理念+算盘】自主经营的原理·原则来推动阿米巴经营中国本土化。

广州道成智聚企业管理咨询有限公司

创始人:田和喜

前 言

强企之路：一手理念，一手算盘

在没有硝烟的和平年代，国家与国家之间的竞争本质就是两个国家最优秀的10000家企业之间的竞争。

过去的30年里，中国以惊人的发展速度迅速成为世界第二大经济体，成就举世瞩目。然而，我国的生产力水平相比发达国家还相差甚远，中国企业的经营管理水平与世界优秀企业相比还存在较大差距，这是不争的事实。

如何实现国家竞争力的持续提升、如何保持中国经济的持续繁荣，中国企业的持续稳健成长尤为关键。在全球化经济中，培育出至少10000家在各行业、各领域具备世界竞争力的优秀企业，成为强壮国家经济发展根基的必由之路。

2008年金融危机爆发之后，中国企业转型升级的话题再次被推到风口浪尖。加快"转型升级"成为各种会议或者发言上的"常客"。

转型升级的本质到底是什么？又应该如何实现呢？

我认为：企业转型升级的核心是如何进一步释放企业中人的潜能，实现企业劳动生产力水平和附加价值的提升，其本质是企业经营理念和经营管理方式的转型升级。

他山之石，可以攻玉！

正值此时，日本"经营之圣"稻盛和夫来到中国传授经营之道。他凭借扎根于经营哲学的阿米巴经营方式，在40年间创办了两家世界500强企业，两年时间成功拯救了破产退市的日航空。当稻盛和夫造访中国之际，上至国家领导、下至学者商人，包括张瑞敏、任正非、马云、李东生等一大批国内知名企业家纷纷向稻盛和夫问计，讨教经营之道和经商真谛。其《活法》、《阿米巴经营》、《稻盛和夫的实学：经营与会计》等著作引发中国企业家的强烈共鸣，狂销百万册，影响之大，前所未有。

中国企业家的好学精神和聪明才智不言而喻。面对能够化全员被动为主动，彻底解决企业经营根本问题的阿米巴经营模式，众多的企业家都仿佛找到了救命仙丹，纷纷学习阿米巴经营。

然而，当我们寄希望于"他山之石，可以攻玉"时，结果往往是"橘生淮南则为橘，生于淮北则为枳"。日本的政治、经济、法律、文化、社会福利制度等经营环境与中国不同，阿米巴经营模式只不过是稻盛和夫经营思想的外在概念罢了，如果不能透彻地理解其背后的普遍成功本质，只学习它外在的表现形式和方法，必将付出巨大的代价。

放眼全球企业界，能够与稻盛和夫相提并论的企业家少之又少。稻盛和夫的经营绝学又是如何炼成的，中国企业又该如何活学活用呢？

在东方企业界，仅有两位能够被尊称为"经营之神"的企业家——松下幸之助和王永庆。他们的经营成就相比稻盛和夫可谓有过之而无不及。我们在正确学习领会阿米巴经营之前，或许能够从他们的经营方式上得到一些启发。

松下幸之助，松下集团创办人，被称为一手拿《论语》、一手握算盘的"经营之神"。他既没受过高等教育，也没有学过任何管理学的理论和方法，却在30岁（1924年）的时候创造了至今仍在世界范围内被企业普遍采用的经营手法——事业部经营（SBU量化分权），将企业划分为一个个独立核算的事业部展开授权经营，复制替身，并一度带领松下成为世界排名前10位的大公司，是全球公认的最了不起的企业家。

王永庆，中国的"经营之神"，从小家境贫寒，也没有读过几年书，他所创办的台塑集团不但规模大（2011年营业额约800亿美元），而且保持了持续几十年的高利润（2011年营业利润约90亿美元）。王永庆与松下幸之助的经营方式异曲同工，从"事业部"、"利润中心（Min-SBU量化分权）"到"成本/费用中心"，一脉相承。由于突出的经营成绩，连一贯以经营业绩傲视世界的日本企业家对他也衷心钦佩。

稻盛和夫的阿米巴经营以经营哲学为基础。在京瓷取得快速发展、规模不断扩大的过程中，公司被细分成一个个所谓"阿米巴"的小集体，从公司内部选拔阿米巴领导，并委以经营重任，以各个阿米巴的领导为核心，自行制定计划，并依靠全体成员的智慧和努力来完成目标，通过彻底的经营权下放，让第一线的每一位员工都能成为主角，主动参与经营。因此，阿米巴经营的本质就是将权力不断下放，直至最小经营单位的赋权经营方式（即 Cell-SBU 量化分权）。

所谓"外行看热闹，内行看门道"。

事业部（SBU 量化分权）、利润中心（Min-SBU 量化分权）、阿米巴经营（Cell-SBU 量化分权）的最大不同在于授权水准的差异。其背后的本质是依托【理念+算盘】的经营，将大企业化小，构建出能够快速培养与企业家理念一致的经营人才的系统经营体制，实现员工自主经营。

本书是【理念+算盘】自主经营·系列丛书的第一本，期望为正在学习、计划或已经引进阿米巴经营的中国企业提供一些参考。本书的面世，还得益于我的同事——高级经营顾问刘恩、高然、田元，他们在繁忙工作之余，牺牲宝贵的休息时间对本书的部分章节内容进行整理、编写和校对。

此外，还要感谢本书案例篇中客户公司高层给予的大力支持，正是他们的开放和信任，才让我们积累了更加丰富的本土化推行经验，由衷地说一声："谢谢你们！"

广州道成智聚企业管理咨询有限公司的全体同仁，将践行"传播【理念+算盘】自主经营，强企兴邦"的使命，让更多中国企业正确理解和实践【理念+算盘】自主经营思想，用更多的本土成功案例表达我们的感恩之心！最后，我要表达对稻盛和夫先生最崇高的敬意。

"一手理念，一手算盘"是实现中国企业持续成长的必由之路。

谨以此书献给谋求持续成长的中国企业！

田和喜

2013 年初于广州

目　录

上　篇　稻盛和夫成就三家世界 500 强的"三大法宝"

第一章　拯救日航：从破产到全球行业盈利冠军靠什么 / 003

第二章　经营哲学：企业长盛不衰的根基 / 013
第一节　做人何谓正确=当下×角色×正确决策·行动 / 014
第二节　妙用"敬天爱人"的经营哲学 / 018
第三节　竞争力来自"利他之心" / 020
第四节　经营企业要做到"以心为本" / 024
第五节　与企业家谈哲学，七问稻盛 / 027

第三章　阿米巴体制：量化分权破解授权风险与人才培养 / 033
第一节　阿米巴经营的真相 / 034
第二节　传承松下幸之助的量化分权之道 / 039
第三节　【哲学+阿米巴】的本质——【理念+算盘】/ 044
第四节　八大系统交织而成的阿米巴体制 / 054
第五节　企业家要时刻"回归原点" / 060

第四章　经营会计：企业不可或缺的"指南针" / 065
第一节　一目了然、易懂、易用的经营会计 / 066
第二节　构筑本企业的会计原则指导经营 / 071
第三节　经营会计与内部交易会计 / 076
第四节　为制度注入灵魂与经营哲学（理念）/ 082
第五节　依托经营会计轻松驾驭企业 / 087

下 篇　　中国企业迫切需要自己的阿米巴经营

第五章　大误区：阿米巴虽好，别走偏了 / 095
　　第一节　"削足适履"的阿米巴 / 095
　　第二节　饿着肚子谈"哲学共有" / 100
　　第三节　手下"阿米巴"，老板"米阿巴" / 103
　　第四节　财务做阿米巴，我们是销售 / 107
　　第五节　阿米巴并非"联产承包" / 111
　　第六节　阿米巴在哪儿呢？听说在二车间 / 115
　　第七节　阿米巴彻底核算，老板到底想干嘛 / 119
　　第八节　"精神分裂"的阿米巴 / 123

第六章　推行法：实施阿米巴经营，这样才正确 / 127
　　第一节　把握阿米巴经营推行的总基调 / 128
　　第二节　遵循六个"经营实学"根本原理 / 132
　　第三节　恪守七大"组织变革"推行法则 / 137
　　第四节　组织演进三步曲：壁虎经营、蚯蚓经营到阿米巴
　　　　　　经营 / 145
　　第五节　展开阿米巴经营推行方案策划 / 149
　　第六节　没有终点的循环改善 / 156

第七章　案例篇：量化分权激活 A 公司，阿米巴经营本土实践 / 163
　　第一节　A 公司高速发展却突然遭遇瓶颈 / 165
　　第二节　注入【理念+算盘】经营真谛，高层率先转变
　　　　　　（脱胎换骨） / 174
　　第三节　导入经营会计，彻底看清企业实际状况 / 177
　　第四节　以年度计划为起点，建立二元制绩效评价系统 / 181
　　第五节　量化分权，建立共担经营重任的组织 / 185
　　第六节　内部交易传递压力，培养全员经营意识 / 188
　　第七节　活用经营会计，化员工被动为主动 / 191
　　第八节　业绩发表会加速培育经营人才 / 194
　　第九节　塑造循环改善的高绩效文化 / 198

后记 / 201

附一　阿米巴经营的本土化之路 / 214

附二　开启经营真谛之门 / 215

附三　【理念+算盘】经营学社——经营团队的育成摇篮 / 216

上篇

稻盛和夫成就三家世界 500 强的"三大法宝"

导　读

　　20 世纪初叶，中国出现的一个新潮流是看"西洋镜"，看的人多，懂的人少。当前，中国很多企业渴望学习和实践阿米巴经营亦如此尴尬！

　　其实，稻盛和夫的阿米巴经营对于日本企业来说，它并不是什么新鲜事物。

　　阿米巴经营以经营哲学为基础，是日本"《论语》+ 算盘"经营方式的一种典型代表。

　　涩泽荣一是日本明治维新时代的"实业之父"，他开创性地提出了"《论语》加算盘"的经营思想。他用"义利合一"来表达未来的商业伦理观，一举奠定了近代日本企业的主流经营思想。之后，"经营之神"松下幸之助在实践中创立了系统的经营哲学、经营会计和与之一脉相承的系统经营管理体系（即松下事业部量化分权体制），让"《论语》加算盘"真正成为了日本的代表性经营方式。而今，稻盛和夫站在松下幸之助的肩膀上，在现代 IT 技术工具的帮助下，以事业部量化分权为基础对更小经营单位实现了赋权经营。

　　在日本，除了稻盛和夫创办的京瓷，很多优秀的企业同样采取了类似的经营方式，只不过不一定冠以"阿米巴经营"的称谓。

如果没有符合大道的经营哲学和类似于"阿米巴经营"的分权体制作基础，很难充分调动全体员工的智慧和创造力，很难想象丰田的精益生产方式能够做到誉满全球。

以"理念"为基础，通过"算盘"实现量化分权，将利润责任或附加价值责任下放给现场，充分发挥每一位员工智慧，实现"全员参与"的经营方式，在日本企业中非常普遍。

然而，这套在现代企业经营的舞台上摇曳了许久的"和服"，在中国还属于新奇事物，令大多数人好奇又疑惑。让我们沿着稻盛和夫拯救日航的脚步，逐个审视稻盛和夫的"经营法宝"，为您解开阿米巴经营的庐山真面目——经营哲学、阿米巴体制和经营会计。

第一章

拯救日航：从破产到全球行业盈利冠军靠什么

两年时间，日航实现了从营业利润率-17%到17%的大逆转。

2010年2月1日，稻盛和夫临危受命接手破产日航；2012年3月31日，日航已成为全球航空业的利润冠军，盈利高达2049亿日元，此时的稻盛和夫则功成身退，日航也在同年的9月19日重新上市，如图1-1所示。

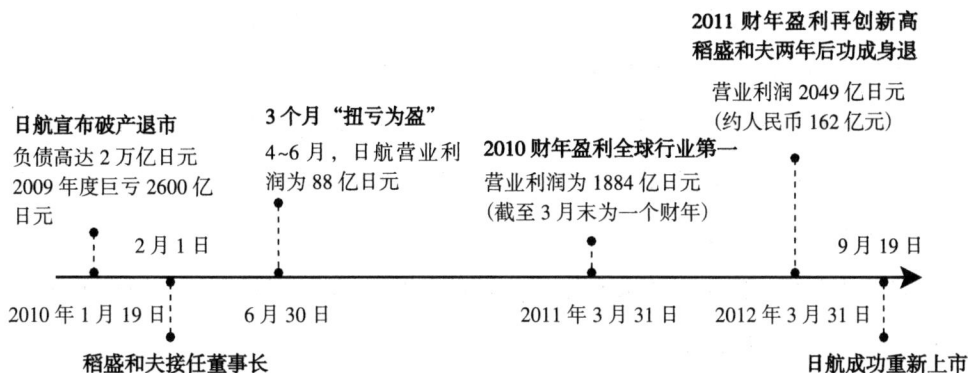

2011 财年盈利再创新高
稻盛和夫两年后功成身退

营业利润2049亿日元
（约人民币162亿元）

日航宣布破产退市

负债高达2万亿日元
2009年度巨亏2600亿
日元

3个月"扭亏为盈"

4~6月，日航营业利
润为88亿日元

2010 财年盈利全球行业第一

营业利润为1884亿日元
（截至3月末为一个财年）

2月1日　　　　　　　　　　　　　　　　　9月19日

2010年1月19日　　　6月30日　　　　　2011年3月31日　　　2012年3月31日

稻盛和夫接任董事长　　　　　　　　　　　　　　　　　**日航成功重新上市**

图1-1 日航发展

短短两年时间，稻盛和夫到底给日航做了哪些大手术，到底给日航吃了什么灵丹妙药？

总体来说，稻盛和夫在日航只做了以下三件事情：

（1）为日航植入经营哲学；

（2）改造日航现有财务系统，导入经营会计；

（3）建立适合日航特点的阿米巴经营体制。

日本航空公司（JAL）

员工数：约 52000 人（2009 财年数据）

成立时间：1951 年 8 月

行业地位：亚洲最大、世界第三大航空公司

简历：日本航空创建于 1951 年，总部位于东京。日航最初以私有制形式建立，在 1953 年 10 月成为日本的国有企业，1987 年由于向外抛售股票再次成为完全私有化的企业。后来，日航经过重组和并购，从当初的只有数架租赁飞机的小航空公司一度跃升为亚洲规模最大、全球规模第三的航空公司，跨进世界 500 强企业的行列，被誉为"日本人心中的株式会社"、"战后经济繁荣的象征"……

一、日航巨舰深陷困境，原因何在

纵使昔日的日航"风光无限好"，可是近年来的发展却似近"黄昏"。

2010 年 1 月，当时的首相鸠山由纪夫拒绝再次表态动用纳税人的钱来挽救日航，使得日航破产在所难免。1 月 19 日，举步维艰的日本航空终于向政府申请破产保护实施重组以谋求"东山再起"，总裁西松遥也于当天宣布辞职。2 月 20 日日航股票停止交易并退市。

截至破产时，日航及其旗下公司共负债约 256.5 亿美元，是日本历史上除金融行业以外最大的破产案。

在航空业界风光无限的日航巨舰突然倒下，震惊了整个日本，更令全世界关注。

曾经戴着这么多金光闪闪头衔的日航，为何会突然倒下？它究竟进入了怎样的迷途？层层迷雾笼罩在人们心中。

中国古代有蔡桓公"讳疾忌医"，最终失去性命的故事。这个世界上很多事情的发生并不是纯属偶然，日航破产也是一样，所谓"冰冻三尺，非一日之寒"。

经营上遭遇"内忧外患"被认为是导致日航破产的主要原因。

在内部，日航的主要弊病体现在运营成本高和体制僵化两方面。而运营成本过高的主要原因有三点：

（1）劳动力成本高。日航支付给员工的薪水是同行业的两倍，并且日航员工享受到的各种福利标准也是其他公司无法相比的。

（2）航线成本高。日航有 150 多条国内航线，但是搭乘率超过 70% 的航线不超过 20 条。再加上日航曾接收了国内赤字航线，因而不得不维持着高成本的航线运营。

（3）飞机成本高。日航的飞机品种多，老化快，对于驾驶员和飞机维修人员的技术要求各不相同，增加了飞机人工费用的支出。日航中还有众多能耗大的大型飞机，更让飞机成本居高不下。

另外，日航受到在国有企业时期形成的旧观念和制度的影响，对自己的体制弊端视而不见，体制严重僵化、机构臃肿。在运营方面，管理层长期依赖政府买单，公司过多地听从政府指令，市场意识薄弱。例如，为帮助政府拉动就业，开辟了许多无利可图的航线，导致企业负担日益加重，员工在惯性思维的影响下，也过着"做一天和尚撞一天钟"的日子，企业内部几乎没有人再认真考虑如何去提高日航的业务效率。

在外部，日航的发展主要受到外部经济环境和日本高速铁路"新干线"两方面的影响。

（1）外部经济环境的影响。1965 年以前，日美航线占日航国际航线市场 65% 的市场份额。然而 2000 年后美国境内发生的恐怖袭击、SARS 和甲流，使得日美航线国际航班搭乘率锐减。加上 2008 年全球油价飞涨和金融危机的影响，燃油附加费也随之提高，由此导致的观光客骤减让日航受到严重打击。

（2）日本高速铁路"新干线"的影响。高速铁路"新干线"的出现解决了飞机换乘不便的问题。尽管日航机票降价，依然无法阻止高速铁路"新干线"代替日航成为主要交通工具。因此，日航再次受到重创。

在内外部的多重压力下，日航如同吃了慢性毒药，最终一步步走向了绝境。

```
                                    ┌─ 劳动力成本高
                          运营成本高 ├─ 航线成本高
                   内部   │          └─ 飞机成本高
                   原因   │
          日        │    └─ 企业体制僵化
          航        │
          破        │
          产        │
          的        │
          原        │
          因        │    ┌─ 外部经济环境影响：美国经济、高油价、金融危机
                   外部   │
                   原因   │
                        └─ 出现"替代性竞品"：日本高速铁路"新干线"
```

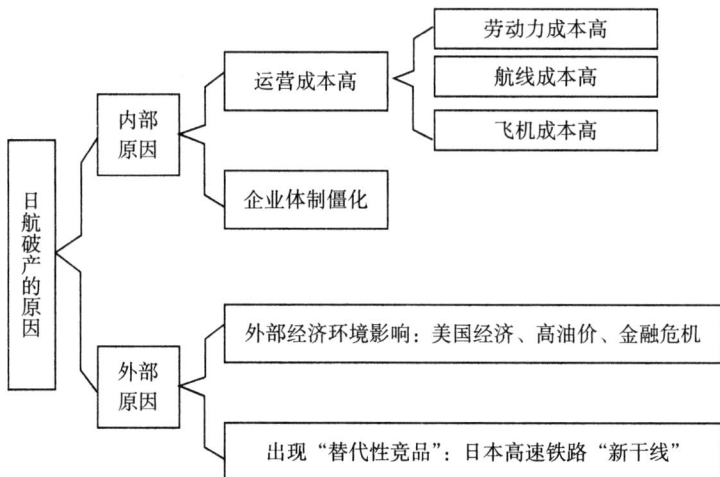

图 1-2　日航破产的原因

二、稻盛和夫暮年出山，勇气何来

眼看日航巨舰一点点沉入海底，在这危难之际，业内众多企业家断然拒绝趟这池浑水。

谁来拯救危难关头的日航？

这个问题困扰了首相鸠山很长一段时间后，他最终接受了民主党干事长小泽一郎的建议，邀请被称为"经营之圣"的稻盛和夫出山。

2010 年 1 月 13 日，在日本政府的再三恳请下，稻盛和夫最终同意接手这个债台高筑的"烫手山芋"，且不取分文酬劳。此事引起了全世界的广泛关注。

稻盛和夫虽前所未有地创建了两家不同领域的全球 500 强企业，但在航空业方面却完完全全是一个门外汉。而民营企业家出身，此时已年近八旬的他，真的能改变日航由来已久、利益盘根错节的国企官僚体制吗？重重疑问萦绕在人们心里。

"在这种情况下接手日航，您有什么高招吗？"有人禁不住好奇心。

"虽然在航空事业方面我是门外汉，但长期以来，作为经营者，我在经营企业的经验中归纳出了正确的经营思想和有效的管理模式。同时，我在自己的人生

中总结出了作为人应该持有的正确的思维方式。我希望将这些传授给日航的每一位员工。日航重建成败的关键，就在于能否有效地建立起贯彻上述理念的经营体制。我到日航去，就是要把我的经营哲学渗透到日航的员工中去，再没有另外的技巧。"稻盛和夫说道。

在稻盛和夫看来，这世上没有比人心更稳固的东西了。

他认为经营一个成功的企业最重要的就是经营员工的心，倘若每名员工都全心全意为公司的发展殚精竭虑，那么公司的前途将是一片光明。

三、注入"经营真谛"，日航如何迅速起死回生

稻盛和夫接手日航后，日航的改革迅速取得了阶段性的巨大成功。

短短 3 个月时间，日航就在账面收支上实现了扭亏为盈；第一年（2010 年 4月~2011 年 3 月），营业利润获得从未有过的最高利润——1884 亿日元（约合人民币 150 亿元），超出计划额近三倍！第二年（2011 年 4 月~2012 年 3 月），尽管受到日本大地震的严重影响，但日航的营业利润却再创新高，达到了 2049亿日元。

企业经营史上空前的奇迹是如何造就的？

稻盛和夫初到日航之时，并没有外界传说的那般意气风发。对于没有任何航空业从业经验的他而言，破产的日航就像一头得了癌症的"大象"。

然而，令稻盛和夫惊讶的是，如此困境下的日航员工却没有表现出一丝的危机感。更令稻盛和夫吃惊的是，日航虽已是民营企业却被"国企病"缠身多年。譬如：员工们服务意识薄弱；经营者的核算意识与盈亏意识薄弱；经营干部和一般员工关系松散；等等。

（一）第一步：植入经营哲学/理念，转变员工思想

如何才能让日航恢复往日的活力？

稻盛和夫想到自己创办的京瓷和 KDDI 进入 500 强凭借的就是"稻盛哲学"这个武器。于是，他开始思考如何将哲学融入日航重建之中。

稻盛和夫开始分部门给干部们开会。在会议中，稻盛和夫对于企业长期形成的不负责任的官僚作风予以严厉批评，强调"不换思维就换人"。几次会议下来，干部们都有所触动，态度逐渐有了转变。但是要想真正让沉疴在身的日航起死回生，仅仅改变干部们的思想还不够。稻盛和夫认为，必须将经营的哲学传递给日航的每个员工，改变员工各自为政的思想，恢复企业的凝聚力。

接下来的每个月，稻盛和夫都要开一次大会，向员工传授他的经营哲学——敬天爱人，引导员工热爱自己的工作和生活，要求员工投入热情做事，不仅仅是遵照工作守则，而是要发自内心地为客户着想。

与此同时，稻盛和夫组织干部学习会。第一期干部学习会，对大约 50 位主要领导人进行了关于经营哲学以及经营原理、原则内容的教育。这样的学习会每周举行四次，第一个月举行了 17 次，其中有 6 次由稻盛和夫亲自主讲。

学习的内容简略如图 1-3 所示：

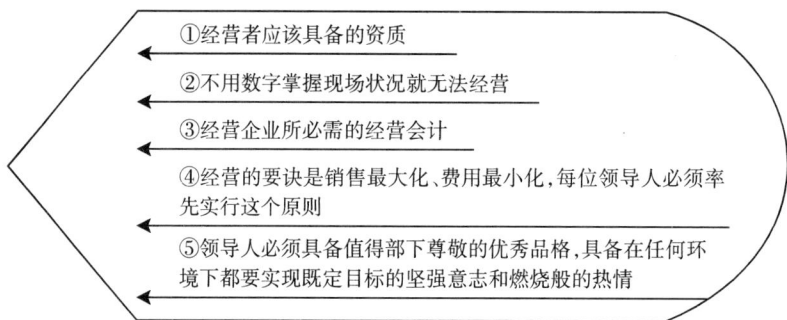

①经营者应该具备的资质

②不用数字掌握现场状况就无法经营

③经营企业所必需的经营会计

④经营的要诀是销售最大化、费用最小化，每位领导人必须率先实行这个原则

⑤领导人必须具备值得部下尊敬的优秀品格，具备在任何环境下都要实现既定目标的坚强意志和燃烧般的热情

图 1-3　第一次干部学习会内容

通过学习会这种方式，不仅激发了企业管理层的热情，帮助他们建立了责任感，而且增加了管理团队之间互相交流的机会，形成了一种凝聚力。就这样，稻盛和夫的经营哲学慢慢地由高层干部向中层管理者再到员工层层渗透。这种从人心出发的方式，为日航日后的腾飞奠定了良好的基础。

为了让经营哲学更深地渗透到日航的每一个人心中，稻盛和夫开始奔走于各个机场，与机场的基层员工直接对话，了解他们的想法和感受，并将自己的想法传递给他们。他要求员工对乘客怀着真诚的感恩之心和细致的关怀之心，为乘客提供体贴得体的服务。为表明与员工同甘共苦的决心，稻盛和夫本人也总是乘坐日航的飞机。

稻盛和夫对日航重建的努力，被日航员工看在眼里，对员工的服务意识产生了潜移默化的影响。譬如，为了表达对乘客继续选择日航的感激，在乘务长致欢迎词的时候，所有的乘务员都会站在乘客面前真诚鞠躬行礼。在服务内容方面比以前更加充实：提高送餐、送水的效率；腾出空闲时间与乘客交流；仔细观察乘客的需求；随时为乘客提供热情得体的服务。

员工们的心被稻盛哲学和经营理念紧紧抓住，都发自内心地盼望着日航早日腾飞，为此更加拼命地努力工作。日航的状况一天天好转。

（二）第二步：导入经营会计体系，分析调整经营策略

日航长期以来多数航线亏损，主要原因是经营者无法在经营上做出准确的判断。

经营者为什么无法在经营上做出准确判断呢？主要是经营者并不清楚每条航线和每个航班的具体损益状况。更进一步说，是经营者普遍缺乏经营中的数字意识。

在经营的过程中，稻盛和夫认为会计报表上的数字就是为经营者指引正确方向的"指南针"，经营者必须依据数字才能把握企业实际的经营状况，从而做出准确的经营判断。也只有依据这样的数据，干部员工才能有针对性地出谋划策、改善经营。

要解决经营者普遍缺乏的数字意识，提升他们的经营核算意识，就必须要有对企业经营目标进行测量的"系统量化工具"。于是，稻盛和夫决定为日航导入另外一门重要的武器——经营会计。用经营会计中看得见的数字来看清日航经营的"实际状况"，让员工从数据背后看到企业经营的问题，由员工自我分析，并自发行动拿出相应的解决方案。

在稻盛和夫的指导下，日航的每个部门和子公司在次月初便会将上月的经营会计报表及时做出来，改变了以前财务会计报表三个月后才出来的惯例。另外，稻盛和夫还要求各级领导根据经营会计报表上的数字汇报自己改进后的经营实绩，并通过经营业绩发表会的形式，逐渐培养大家的经营意识，提升发现问题、

分析问题、解决问题的能力。

在导入经营会计不久后，大家很快建立了盈亏意识。

稻盛和夫将"实现销售额最大化和经费最小化"作为日航经营的原理和原则。为实现这一目标，日航开始进行大刀阔斧的改革。比如，停飞部分航线、统一飞机种类和飞机机型、裁减人员并妥善安置、精简总部不必要的职能部门等。

经营会计的引进让日航对自己的经营状况更加了解，同时日航在制定经营策略时也更加快速、准确。

(三) 第三步：引入阿米巴分部门的核算体制，实现循环改善

为了让经营会计这个系统量化的工具在日航重建过程中发挥更大的作用，让日航从根本上扭亏为盈，稻盛和夫决定将阿米巴分部门的核算经营休制引进日航，让日航的各个部门成为一个个更精细的小集体，再对这些小集体进行独立核算管理。

通过阿米巴分部门核算，将日航每条航线划分成一个个独立的小集体，每条航线都以一个经营责任人为核心，员工主动参与航线经营，实现"全员参与经营"。参照这种做法，日航也将飞机维修和机场的各个部门尽可能地划分为一个个更小的小集体。这种精细的部门独立核算经营机制，不仅确立了与市场挂钩的核算制度，也让小集体经营者对每条航线掌握得更清楚。在阿米巴模式下，小集体经营者的经营意识逐渐增强，为更快地提高日航员工的经营能力打下了良好的基础。

在日航重建过程中，阿米巴分部门的核算经营体制巩固了第一年努力的成果，真正实现了日航全员参与经营，使得日航的经营利润不断提升，并朝着正确的方向前进。

四、日航重生给我们的启示

稻盛和夫以八旬高龄让沉疴在身的日航再度飞天，这个奇迹告诉我们：谋略固然重要，然而更重要的却是经营人心。

稻盛和夫在拯救日航的过程中，首先选择的是从人心出发，导入哲学理念，改变日航员工的思想，让他们树立利他之心，激发他们为日航全心全意服务的热情。其次在奠定了良好的哲学基础的同时，稻盛和夫开始利用系统的经营会计量化工具对日航进行剖析，贯彻日航的经营理念，清晰日航的经营策略，层层深入，确定了正确的战略方向。最后利用阿米巴经营中的分部门核算经营体制对日航进行精细化管理，实现全员参与经营。

整个过程中，经营哲学是日航再度腾飞的灵魂，经营会计是指导日航正确判断的"指南针"，阿米巴分部门核算经营体制是持续和深入改善的坚实保障。

倘若稻盛和夫没有在引入阿米巴经营体制之前先奠定一个稳固的哲学基础，那么"破产日航"是否能够再度腾飞？这个疑问将会变得扑朔迷离！

从西松遥到稻盛和夫，不同的领导者率领着同样的一群日航人，西松遥失败了，稻盛和夫却成功了！西松遥与稻盛和夫最大的区别在哪里？恐怕最大的差别莫过于，稻盛和夫更加懂得如何经营人心。

第二章

经营哲学：企业长盛不衰的根基

经营哲学是稻盛和夫持续成功的第一大法宝。

众所周知，阿米巴经营模式以哲学为根基，因此企业在正确学习和认识阿米巴经营模式之前，首先要对经营哲学有所了解。

经营哲学源自日本企业，而又从松下幸之助开始。

在日本企业，丰田有丰田哲学、本田有本田哲学、索尼有索尼哲学……几乎所有优秀的企业都有一套自己的完整经营哲学体系。经营哲学是企业经营的根基，企业在它的指引下发展壮大，生生不息。

稻盛和夫决定接手日航之后，曾这样说："我在进行一次公开的实验，凭我的经营哲学来挽救这家企业，我失败了，你就不要学，我成功了，那你们都可以来学。"与创建 KDDI 时对电信行业一窍不通一样，稻盛和夫也是航空业的门外汉，而世界也再一次见证了稻盛哲学的不朽魅力。

"敬天爱人"是稻盛哲学的高度概括，以"做人何谓正确"作为判断事物的基准，并将其渗透到一切经营活动中。

第一节　做人何谓正确=当下×角色×正确决策·行动

"做人何谓正确"是稻盛和夫自始至终秉承的判断标准。所谓"做人何谓正确",其实更好的说法是"作为人,何谓正确",不是作为京瓷,不是作为经营者,更不是作为稻盛和夫本人,而是作为一个具备道德良知的人,做什么才是正确的,对社会发展和人类进步才有意义。

这种最基本的价值判断,被稻盛和夫看做任何企业想要获取持续成功的原点。

近年来,国际经济环境深受经济危机的影响,形势风云变幻,国内出现了反思商学院教育、华尔街阴谋以及各种唯利是图的机制和价值观的讨论。看到众多急功近利后的挫败,中国企业比任何时期都渴望得到正确经营哲学的指引。稻盛和夫为此提出了要以"做人何谓正确"的价值判断来经营企业、壮大企业,他的经营哲学在中国得到广泛认可。

一、何谓"人"

在《现代汉语词典》中,"人"被定义为能制造工具并能熟练使用工具进行劳动的高等动物。在生物学上,"人"被分类为人科人属人种,是一种高级动物。

古今中外,很多学者给"人"这个概念下过种种定义:亚里士多德说"人是城邦的动物";柏拉图说"人是没有羽毛的两脚直立的动物";荀子则言"人之所以为人者,非特以二足而无毛也,以其有辩也";……这些定义从不同的角度来理解"人",虽然在某些方面有所缺陷,却让我们知道,很早以前人们就试图将自己和其他动物区别开。

然而,在种种定义当中,我们不经意中发现了一条中国古代对人的定义:"有历史典籍,能把历史典籍当作镜子以自省的动物",这可能是人类发展史上最具现实价值的定义。

二、如何达到"正确"

众所周知，企业是一个把资金、人、技术等有机地结合起来的活动实体。除了要学会正确地做人，还需要懂得如何正确地展开事业。

稻盛和夫深受中国传统文化影响，他深刻理解"以铜为镜，可以正衣冠；以史为镜，可以知兴替；以人为镜，可以知得失"的道理，每日三省，总结回顾自身经营企业和他人的成败得失，引以为鉴，避免重蹈覆辙。

起初他对企业经营管理一窍不通。

经历一番冥思苦想之后，他意识到经营企业也应该基于正确的做人道理。无论自我修养，还是培养员工，都应该首先按照孩提时代被父母及祖辈训导教育的"一个人应该做什么，不应该做什么"作为最基本的标准做出判断。比如，公平、公正、正义、勇气、诚实、忍耐、努力、善意、关心、谦虚、博爱等，这些经过人类社会几千年不断检验而普遍认同的伦理观和道德观。

如何才能做到正确地展开事业呢？

据统计，世界上超过 200 年历史的长寿企业，中国 5 家，美国 14 家，德国 800 家，日本则超过 3000 家。此外，日本企业的国际化成功更是令人称道，具备全球竞争力的优秀企业比比皆是。日本企业界非常重视总结经营企业的成败得失，总结出完整的经营企业应该遵循的朴素规律——企业经营的原理·原则。

在稻盛和夫创立自己的经营哲学过程中，在追求"何谓正确"的判断中，就如饥似渴地研究过松下经营哲学和松下公司的经营管理体系，并加以活用。

三、"正确做人"与"经营企业"的相通之处

企业活动不能脱离人类社会大的环境生存，做人与做企业必然有相通之处。

许多人在学习稻盛哲学时，刚开始就在此处犯了迷糊。"做人何谓正确"从理论上讲非常完美，但在实际工作和生活中好像不太容易运用！因为不同的人其生活环境、人生阅历不一样，人生观、价值观、世界观都大相径庭，以至于无法在实践中加以判别，动辄陷入中国传统文化思想的教诲而无法自拔！

笔者为大家呈现出如下公式：

做人何谓正确 = 当下×角色×正确决策·行动

（一）活在每一个当下

所谓当下，就是指每个人每时每刻的生活场景与生存事件，如果脱离当时的现场，对于判断做人、做事的正确与否就失去了意义。

在日本企业的经营活动中，十分注重现场管理，强调企业经营必须贯彻"三现主义"思想——现场、现物、现实（也有叫做三现两原则，即在后面加上原理·原则）。现场出了问题，总经理坐在办公室是解决不了的，必须到现场去，如果不去现场，坐在办公室，商量议论拿出的决议肯定是错误的；来到了现场，看到了"现物"，才能抓住"现实"，以便根据原理·原则做出正确的判断。

企业经营就是要关注当下每一个活生生的经营现场。这里讲的不光是生产制造环节，对于任何场合全都适用。

比如，在现实生活中，一个朋友向你借钱，我们如何做才正确呢？在很多人眼里，朋友有困难帮忙是理所应当的，似乎借钱才是近情理的。但事实上，我们必须要考察朋友现在的状况，搞清楚他借钱的目的，这样才能正确判断。如果他本有企业，但不是兢兢业业地做现在的企业，却不务正业拿钱去炒股，企业亏得一塌糊涂；现在借钱是为了继续炒股，而不是做实业投资，那么借钱恐怕只会对他造成更大的伤害，令他再次陷入不可自拔的深渊。在这个当下，借钱给朋友就是不正确的。

（二）做好自己的角色

如何在企业中扮演好角色，是一门很深的学问。人生活在社会中，不能脱离生存的背景，每个人都在不同的时间扮演着不同的角色。比如，在企业，你是一名中层经营者，有自己的下属，自己的平级同事，同时自己又是高层经营者的下属；而回到家中，你也许是一位父亲，一个儿子，一个兄弟，一个丈夫，还可能是一个舅舅，一个伯父等。

随着时空和相处对象的转变，每个人扮演的角色都在改变，而不同的角色意味着承担不同的责任。

在不同的背景下，所谓做好自己的角色，是指承担好自己当下应该承担的责任和义务。如果一位总经理走到车间，发现机台上摆满了次品，就直接对现场的基层员工发火、责骂，或进行教育，在这个总经理和基层员工关系的处理中，直接介入是对还是错呢？这显然不太正确。其中道理，我们从"丙吉问牛"的典故中来体会。

《汉书·丙吉传》："……吉又尝出，逢清道群斗者，死伤横道，吉过之不问，掾史独怪之。吉前行，逢人逐牛，牛喘吐舌。吉止驻，使骑吏问：'逐牛行几里矣？'"

西汉宰相丙吉见人死伤而不闻不问，看到牛步履蹒跚，反而十分关心。掾史不解，丙吉说："丞相所关心的应当是国家大事。行人斗殴，这是长安令、京兆尹职责应当禁止、防备和追捕的事。现在正当春天还不应当很热，我害怕这牛行走不远却因暑热而喘息，这意味着气候不合节令，担心这将会伤害全国百姓，因此而问这事。"听完这番话，掾史们一个个心悦诚服，皆认为丙吉知大体。

（三）采取正确的决策·行动

正确的决策是指在当时的场景下，明确自己扮演的角色、承担的责任。在端正自身姿态的前提下，做出自己的正确决策，并采取确切的行动，创造价值。而要做出正确的决策，首先要求企业经营者能够回归原点，从"做人何谓正确"出发，遵循企业经营的原理·原则，真正让管理变得简单、高效、合目的。

"做人何谓正确"囊括了企业经营的秘诀，是一套综合性和实践性并重的思想。以京瓷为代表的日本优秀企业，就是因为充分运用了这样的经营哲学体系而获得了巨大成功。

第二节 妙用"敬天爱人"的经营哲学

稻盛和夫将"敬天爱人"奉为京瓷社训,毕生信奉!

他曾这样阐述:"敬畏上天,关爱众人。这词句优美、动听,触动人心。所谓敬天,就是依循自然之理、人间之正道——亦即天道,与人为善。换言之,就是坚持正确的做人之道;所谓爱人,就是摈弃一己私欲,体恤他人,持利他之心。"

在稻盛和夫眼里,领导者的人格决定着企业的兴衰。作为一个领导者必须提升自己的人格,维持自己高尚的人格。有些人认为这话有些迂腐,但这是防患于未然,避免领导人堕落变质,避免企业由盛转衰的根本方法。

一、何谓"敬天"

"敬天"就是做任何判断,人们都要顺应自然规律,做合乎道理的事情。对于企业经营,"敬天"就是要坚守本企业的经营理念,遵循企业经营的原理·原则来做事。

经营理念是经营者对创办企业的一种哲学判断,虽然肉眼看不见,但是却客观地存在着,起到规范企业经营行为的作用。根据正确的经营理念来经营,企业便有了一个"指南针",不会轻易迷失方向。稻盛和夫确定了"追求员工物质与精神双丰收"的经营理念,那么他在考虑任何问题的时候,都会把员工的利益放在第一位。

稻盛和夫认为,对人力以外的事情要有敬畏之心,顺应自然的客观规律,坚持正确的思维方式,且贯彻到底,便是敬天。因此,他在京瓷不断发展的过程中,总结出了十二条经营原则(见图2-1),并要求全体员工共同遵守,对企业的持续发展和盈利起到了很大作用。

```
①明确事业的目的和意义
②设定具体目标
③胸中怀有强烈愿望
④付出不亚于任何人的努力
⑤追求销售利润最大化和经费最小化
⑥定价为经营之本
⑦经营取决于坚强的意志
⑧燃起斗志
⑨拿出勇气做事
⑩不断从事创造性的工作
⑪以关怀坦诚之心待人
⑫始终抱有乐观、向上的心态，抱有梦想和希望
```

图 2-1　十二条经营原则

二、何谓"爱人"

在中国的传统文化中，儒家主张"爱有差等"。孟子说："爱人者，人恒爱之；敬人者，人恒敬之。"就是说，仁爱的人爱别人，礼让的人尊敬别人。爱别人的人，别人也会爱他；尊敬别人的人，别人也会尊敬他。

孔孟主张"爱人"要以自己为起点，推己及人，由近及远，逐渐扩大。爱人分先后，程度根据远近而有所差别。

而在企业经营中，稻盛和夫认为对待人的前提一切源于爱，没有爱就没有一切。那么，何谓爱人呢？"爱人"，即按照人的本性做人。爱人就是以心为本，怀着一颗"利他之心"为他人创造价值。在企业经营中，"利他"即做有利于客户的事情，这些客户包括顾客、员工、利益相关者和社会等。企业要以"他"为客户导向，从客户的角度出发思考问题，并且满足他们的需求。

在中国当下这样浮躁的社会，地沟油、毒奶粉、瘦肉精、染色馒头等食品安全事件不断被新闻媒体曝光，某些商家往往更注重如何用各种手段在企业经营过

程中快速谋取利益，忘记了应该遵守的道德良知。20 世纪 60~70 年代，经历了快速经济增长期的日本，严重的环境污染事件遍及全国，如水俣病、米糠油事件、骨痛病、第二水俣病、四日市病、问题奶粉等事件。然而，这些当年靠着损人利己发展起来的企业，早已没有了踪迹。

稻盛和夫从创办京瓷和 KDDI 至今，从未用任何恶性竞争的手段去快速牟利，却依然是行业内利润很高的企业。

总之，经营就是经营者人格的投影。稻盛和夫始终坚信，只要心怀着"敬天爱人"的哲学理念去决策经营，像松下那样将所有员工都当成是自己的亲人一样，将企业看做社会的公器，并作为企业从社会调用人才、资金、物资等资源从事事业活动，就必须要做到与社会共同发展，只要企业经营和企业行为等各个方面都能做到与这样的理念相符，就一定会迎来美好的未来。

第三节 竞争力来自"利他之心"

在生活中，当你无私地照顾到了对方，自己也会从中受益。

有一个盲人，每天夜里上下楼都会把楼梯间的灯打开。有人不解，就问他："你的眼睛又看不见，把灯打开对你走楼梯也没什么帮助呀？"盲人回答说："楼道里黑，我把灯打开，那些上下楼梯的人就会看得清楚些，那么我在漆黑的楼道里走就不会被人撞倒，这不就是给自己行了便利吗？"你与人行了方便，便是给自己行了方便。

这样的道理在企业经营中同样适用。

一、企业成功离不开"利他之心"

稻盛和夫在计划创立 KDDI 的时候，每天晚上睡觉前都会问自己："你参与电信通信事业真是为了国民吗？是否混杂了为公司或个人谋利益的私心？或者，是否是为了受到社会的关注而自我表现呢？动机是否纯粹？是否没有一丝私心？"对自己的内心进行了半年的审问之后，他确信自己创办 KDDI 的目的不是为了自己的私心，而是为了国民降低通信费，这才决定成立 KDDI。

KDDI 成立后面临很多困难，如在通信事业方面没有经验和缺乏技术，通信方面的基础设施必须从零开始建设等。但是稻盛和夫没有被困难吓倒，而是迎难而上。他认为，企业只要是不掺杂任何私心做有利于国民的事情，那么企业就会获得成功。果然，公司营业没多久，KDDI 的业绩便领先于同期参与的其他企业。

稻盛和夫为了不掺杂任何私心的参与经营，作为经营者他手上连一分股票都未曾持有，但是却给一般的员工都提供了购买股票的机会，让员工们从 KDDI 中获得资本收益，以此来表达对员工为公司鞠躬尽瘁的感激之情。

也正因为稻盛和夫的这种 "利他" 精神感染了 KDDI 的每一个员工，员工们更愿意为企业的壮大而努力。万众一心中，KDDI 的业绩呈直线上升趋势，成立不到 20 年，便进入世界 500 强行列。

华为公司的创始人任正非，他同样始终如一的以利他主义价值观要求自己。他生活朴素，不设专车，吃饭、看病一样排队，与员工付同样的费用，没有一人独大、控制公司股份。

"财散则人聚"，任正非这条理念一直被业界津津乐道。当很多公司还在想尽办法通过压榨、苛刻员工来盈利的时候，华为已经开始向广大员工敞开胸怀，分享公司盈利了。这样的结果是，不但公司没有因此而利润下降，反而发展越来越快，规模和利润也越来越大，同样不到 20 年时间，华为就已经迈入世界 500 强行列了。

二、为何竞争力来自 "利他之心"

利他之心是相对于利己之心存在的另一种心态。

所谓利他，即将对方的利益放在第一位，先考虑对方的利益，再考虑自己的得失。"利他之心"不仅是一种人生豁达的境界，更是企业竞争力的源头。在企业经营中，只有做了有利于员工、客户的事情，才会得到同样的有利回报，经营起来才会得心应手。

"利他之心"就像物理学中最简单的作用和反作用的原理。当你让对方受益了，同样你也会从对方身上受益。

在杭州，有一个专门为求职的大学毕业生提供住处的旅行社——携职旅社。这个旅社被众多大学生当成杭州最好的"求职招待所"，不仅因为它价格低廉、服务周到，而且学生一旦入住还会有专职的"人才红娘"向学生索要简历，帮助学生推荐合适的工作。因此，携职旅社被大家昵称为"大学生版的如家"。旅社创始人温少波最初的想法很简单，就是考虑到刚毕业的大学生找工作难并且负担不了高昂的租房价格，所以创办了房价低廉的携职旅社。让人意外的是，携职旅社自 2008 年 7 月创办之初到现在，平均入住率高达 83%，生意兴隆。

2008 年底，金融危机的出现让大学生的求职变得越来越难。看到为了求职而入住的学生们脸上愁云密布，温少波便向当地市长写了封信，要求做一项公益事业——一年提供 10000 个免费床位给大学生。此活动得到了当地政府的积极响应，也让不少资金紧张的求职者在困境中感受到了社会的温暖。大家都对携职旅社有了一种"家"一样的好感。慢慢地，携职旅社开始成为当地大学生求职住宿的热门旅社，生意越来越好。

从一个提供廉价住处的小旅行社到现在得到众多大学生认可的"大学生版的如家"，携职旅社的成功和它对社会所做的贡献密不可分。在为大学生求职者提供便利的同时，旅社也为自己建立了良好的品牌可信度。房客源源不断，旅社的收入也翻了番。

与众多价格低廉的旅社相比，携职旅社的成功除了价格之外，更多的是对求职者和整个社会"利他之心"的理念在起作用。"利他之心"伴随着携程旅社的诞生与成长。

三、自利则生，利他则久

"利他之心"对个人对企业都至关重要。

那么，如何才能做到利他呢？人们需要做的就是，从局部注重自己的条块思维转变为注重整体、看到他人利益的系统思维。仅仅盯着自己的利益，斤斤计较，会受到相关利益者的排斥而导致孤立，而运用系统的思维看到他人的利益，就可以与相关利益者合作共赢。

稻盛和夫认为，"利他"是企业经营的起点，拥有"利他之心"的企业是战无不胜的。这里的"他"，不但代表员工、客户，还包括供应商、股东、银行、社区和其他利益相关者。

企业不能脱离社会孤立地发展，而是存在于一个自然的生态系统中。如果企业仅仅关注自己的利益，可以实现生存，但是一旦危机爆发，就容易孤立无援。企业只有同相关利益者建立共赢到共生的良性关系，从"利他之心"出发，那么企业一旦陷入困境，大家都会来帮助企业，企业也因此受益，并依靠强大的整体力量持续成长。

丰田公司在经营发展过程中，始终立足于"追求人与社会、环境的和谐"这一经营原点，这也是丰田得以持续成长为全球最具规模和竞争力的汽车集团的根基。丰田基于"利他之心"构筑起的产业链生态系统，成为克敌制胜的秘密武器，得到全球不同行业、不同领域企业的争相效仿。

有一次，谈到日本企业是否有值得中国企业借鉴的地方。稻盛和夫这样说：企业之所以存在，肯定是有社会性的理由。因为社会需要这样的企业，它才会生存下去。如果社会不需要这样的企业，它就无法生存。在经济形势好的情况下，企业往往不择手段地追求短期的利润，目光会变得短浅。

自利，可能让企业在短期内获取一定的生存空间；利他，才能让企业真正实现基业长青。

第四节　经营企业要做到"以心为本"

《坛经》中五祖弘忍说："不识本心，学法无益。"其实无论是做人还是做事，什么都如此，不识本心，做人无益，不识本心，做事无益。不识本心，要么迷失，要么愚昧，要么烦恼丛生。故，应以心为本。[①]

这个道理不仅适用于参禅悟道，也适用于经营企业。对于修行者而言，如果无法认识禅理的本心，就不会理解佛教的要义；对于企业经营者而言，如果不能够把握人心，就不能觅得经营的要诀。

稻盛和夫说："我的经营，是'以心为本'的经营，就是在企业建立起一种牢固的相互信任的关系。""世界上没有比人心更易变、更不可靠的东西，但是只要建立起牢固的信赖关系，就没有什么比人心更牢固、更可靠了。"

人是决定企业经营成败的核心因素，而心是人的主宰。因此，"以心为本"经营的重要性显而易见。

一、日本企业"以心为本"经营的缘起

20世纪30年代的日本，资方和劳方是一对"冤家"。资方，即经营者，为了获得资本最大化，想尽办法用增加工时、降低工资、削减劳动保护费用等方式来降低生产成本；劳方，即工人，他们希望增加工资、缩短工时、改善劳动条件。

劳资对立的局面促使了旨在保护劳动者利益的工会组织的出现。自此，劳资的对立逐渐演化成经营者和工会的对立。由于工会与经营者的利益诉求在很大程度上互相冲突，经营者往往对工会心存忌惮，把工会视作"令人头痛的组织"，

---

① http://blog.sina.com.cn/s/blog-77bcffgeo/oor5cd.htm/.

衷心希望这种组织消失。

这个时候，松下幸之助提出了自己的观点："公司和劳工组织的目标毕竟还是一致的，那就是企业发展、利润增加，使得劳工生活乃至全体国民的生活都有所提高。具体来说，双方又是互相制约和互相促进的。只有公司发展了，才能给劳工提供较高的工资、丰富的福利待遇和优美的工作环境；也只有给劳工提供了充分的生活保障等，才能调动员工的热情和干劲，促进企业发展。因此，对于双方来说，首先应该采取合作协调的而不是对立的态度，形成合力对双方才有利。因此，经营者不仅要认识到双方'和谐相对关系'的意义，也要诚心诚意地向员工说明，以建立良好的劳资关系。"

松下认为，协调劳资关系的最好方式就是实现双方的力量均衡，从而互相制约，这是对双方利益最好的维护方式。正如他所解释的："劳资双方都是企业前进的车轮，要均衡、协力，车子才能平稳、快速前进。当其中一方较强的时候，最好去帮助较弱的一方，使其成长。力量相当的劳资，彼此和谐地发展，可以培养出良好的劳资关系，公司得到发展，从业人员的福利也会获得改善。"

为此，松下幸之助提出"企业是社会的公器"，经营企业要"以心为本"，以纯正之心来解决劳资对立的根本性矛盾。

二、正确展开 "以心为本" 的经营

综观众多成功的企业，它们经营的精髓有很多时候并不在于技术层面和具体的管理手段，而在于良好的经营哲学和企业文化。"以心为本"就是其中最重要的体现。

"以心为本"的经营理念是指把关心员工放在重要位置，真诚对待员工，尊重员工的利益，使员工在企业的发展中得到物质和精神双方面的收获。

这种关心和尊重既能使员工得到实际的利益，又能在精神上对员工产生鼓励作用。员工如果能够感受到企业对自身的关心，并且在企业的发展过程中实现自身的价值，就会更加努力工作，从而促进企业发展和个人提升两个目标的共同实现。

在稻盛和夫看来，人心比制度重要。与一般商业社会认为的"利他往往以自损为代价"不同，稻盛和夫甚至可以为了员工和客户的利益舍弃自己的利益。他认为经营企业绝不能为了肥一己之私，而是要尽量保障员工物质和精神两方面利益的丰收。

在过去的 50 年中，他亲手培植了京瓷和 KDDI 两家世界级企业，尽管历经危机，但一直很重视维护员工们的利益，所以员工们愿意为了企业的发展而努力贡献自己的力量。企业做有利于员工的事情，就容易得人心，经营便顺风顺水。"人心经营"可谓是稻盛经营成功的"法宝"。

那么，如何做到"以心为本"？

（一）正其心

《大学》里面说"欲修其身者，先正其心"，世界上最坚不可摧的是人心，最容易动摇的也是人心。要想铸就坚不可摧的人心，而不是动摇的人心，那么"正心"是为人处世的关键，也是决定企业成败的关键。

所以，不管做人还是做事，我们必须要先正其心。

要想正其心，必须无时无刻不回到原点：作为人，何谓正确？从"人性"的角度看待是非善恶，在做每个决策的瞬间都拷问一下自己的良心。"正心"是"以心为本"的前提，不能"正心"将无法做到真正的"人心经营"。

（二）以静制动，开展人心经营

"以心为本"还要求经营者做到以静制动，以不变应万变。所谓"以不变应万变"，并不是指绝对的一成不变，而是"人心"和"理念"的不变。以心为本的"心"包含两个方面：一个是"人心"，另一个是从经营本心出发的"理念"。

在"人心"方面，要正确处理与员工的关系，要做到人心的经营。世界上没有完全相同的两个人，对待不同的人要用不同的方法。但时刻不能改变的是要尊重员工、帮助员工成长、让员工能够有效发挥自己的智慧和潜能。

在经营企业方面，正确经营理念的贯彻最为关键。面对经营的实际状况，解决的方法可以变通，细节可以灵活处理，但是经营理念、原理、原则必须要遵循，不能轻易改变。

作为企业的经营者，如果在一些理念、原则上变来变去，员工就会感到无所适从，不能信服；在进行具体决策的时候，无论外部环境如何变化，都必须依照经营的原理、原则而行。这就是老祖宗说的"万变不离其宗"，或者"以不变应万变"。

"以心为本"的经营就是一种坚不可摧的力量。当企业面对不断变化的外部经营环境和内部管理问题时，"以心为本"的经营能够让企业上下团结一致，齐心协力，战无不胜！这便是"以心为本"经营的真谛。

第五节　与企业家谈哲学，七问稻盛

稻盛和夫一人创办了两家世界 500 强的企业，拯救了破产的日航空，并且创造了京瓷连续 50 年不亏损的纪录。在诸多成就的背后，稻盛和夫一再强调经营哲学的作用，并将经营哲学看做企业持续发展的根基。

那么，稻盛和夫的经营哲学究竟是什么？中国企业又应该如何正确学习呢？

一、什么是稻盛哲学

稻盛和夫从小就有不太寻常的人生经历，从一个胆小怕事的跟屁虫到孩子王，身体不好，患过肺结核，经历过死亡的威胁和恐惧，中学、大学、就职考试屡屡不顺，进入快要倒闭的公司，从事非本专业、不喜欢的岗位工作，创办公司前几年也不太顺利……他处处遭遇人生逆境，每一次刻骨铭心的体验都强烈地冲击着稻盛和夫的心灵。

他困惑着、反省着、烦恼着、不断思索着，长期的人格修炼，稻盛和夫逐渐领悟到关于人生、工作、经营企业最重要的真理。

因此，稻盛哲学归纳起来就是稻盛和夫自我人生经历的体验报告，这个体验报告的原点是——作为人，何为正确？是纯粹、爱、直白，这些最自然、最质朴的一种生命状态。稻盛哲学随着稻盛和夫个人经历、体悟的增加还在不断精进着，但原点从未改变。

哲学是万学之母，是一种认识论，是自然界客观存在的规律，它指导着人类的一切行为活动。从这点来讲，稻盛和夫本身并没有创造哲学，只不过是发现了，并按照伟大的原理、原则去实践和行动，才成就了今天的伟大！

二、"敬天爱人"是如何产生的

"敬天爱人"出自稻盛和夫鹿儿岛同乡西乡隆盛的《西乡南洲翁遗训》，因此稻盛和夫自小受其影响，也十分赞赏西乡隆盛的人格信仰和生活方式。

在创办京瓷的时候，一位支持他的伙伴在某天出差归来，带给稻盛和夫一件他同乡西乡隆盛的书法作品——西乡所书的"敬天爱人"。稻盛和夫如获珍宝，立即拿到装裱店装裱起来挂在公司的接待室中，并决定将它作为京瓷的格言。如今这幅字已被熏成了茶褐色，然而稻盛和夫依然视它为无价之宝，无可替代，现在仍悬挂在自己的工作室中。

稻盛和夫说："敬天爱人即敬畏上天，关爱众人。这词句优美、动听，触动人心。所谓敬天，就是依循自然之理、人间之正道——亦即天道，与人为善。换言之，就是坚持正确的做人之道。所谓爱人，就是摒弃一己私欲，体恤他人，持利他之心。"

稻盛和夫能将"敬天爱人"的理念贯彻到底，除了受西乡隆盛的影响，更离不开他在个人成长和企业经营实践中得到的深刻感悟。"敬天爱人"不仅被挂在墙上，更铭刻在稻盛和夫的心中，通过不断践行而发挥出巨大的威力。

三、学习稻盛哲学的目的是什么

稻盛哲学是在经营实践中被证明的正确的经营哲学，它符合企业经营活动中的客观规律。通过对稻盛哲学的学习，并结合自己的实际情况，可以少走弯路，更好地展开经营实践。

我们绝不可以为了学习而学习，而是要透过稻盛哲学看清经营本质，学习到稻盛和夫经营企业成功的本质，让自己少走弯路。最终的核心是要形成具有自己企业灵魂的经营哲学体系，并渗透到企业的每一个经营活动中，创造属于自己企业的辉煌成就。

此外，由于长期受到西方价值观和管理思想的洗礼，许多人开始被物质化、工具化了，良知被遮盖了。许多公司不是以做事来培养人，而是通过消耗人来做事。一旦做完事，人也就无用了。

学习稻盛哲学的另一个核心目的是开启人们内在的源头活水，明白人生和经营企业的意义。稻盛和夫在《活法》中讲道："人活着最大的目的，就是修炼灵魂，最后可以带着更加纯净、高尚的灵魂离开。"因此，学习稻盛哲学也是为了提升人格、修炼灵魂。只有高尚品格的经营者，才能成就真正基业长青的企业。

四、怎么学习稻盛哲学

一个个生活与经营的现场，是稻盛和夫体验报告（经营哲学）的发端，在那里一切都充满了活力。力行正道，在一个个鲜活而具体的现场，不断去拓展和提升自己的心性，不断精进。学习稻盛哲学，务必要"重走"稻盛和夫的人生之路与每一个经营当下的现场，带着"爱"去体悟当时的每一个决策。

通过看书学习，是无法真正领悟稻盛经营哲学真谛的。要想学习稻盛哲学，除了让自己站在稻盛和夫的角度来体悟，走入稻盛的心灵外，更应该结合自己的经营实践，在做每一个决策的时候都扪心自问，是否偏离了"做人何谓正确"的本真。只有在经营活动中不断修炼，才能真正领悟稻盛哲学的内在要领，发掘出对自己真正有价值的宝藏。

请牢记以下四个基本方法吧！

（1）把自己当成稻盛和夫。

（2）体悟每一个经营的当下。

（3）结合稻盛和夫的决策来拷问每一个决策。

（4）对照自己的人生经历和企业经营中的实际问题来学习。

五、稻盛和夫经营十二条的本质是什么

经营十二条是稻盛和夫对自己经营实践的经验总结。经营十二条就是将经营哲学具体化，是用来指导整个企业经营活动展开的总体原则。它能让复杂的企业管理变简单，有了它，经营理念也更容易落地。

经营十二条是稻盛和夫在经营过程中根据京瓷的业务特性，不断积累而用于指导经营活动的经验总结，伴随着京瓷 50 多年的发展而不断增加、补充、修正。今天我们看到的是十二条，20 年前的时候说不定就是十条，或者八条，也可能在京瓷成立 60 年的时候又会增加到十三条。

另外，经营十二条还是稻盛和夫用来培养经营人才正确思维方式的得力助手。

需要提醒的是，中国企业在学习和运用的时候，需要根据自己的业务特性具体问题具体分析，不能停留于表面，照搬照抄。

六、经营理念是如何产生的，又应该如何活学活用

稻盛和夫从"高中生写血书集体辞职事件"中不停反省，并不断拷问自己创办企业的初衷。创业初期，稻盛和夫原本是想利用自己掌握的精密陶瓷技术为社会做点什么，并向全世界宣告稻盛和夫的技术有多厉害。

事件的突然发生，让稻盛和夫意识到经营需要将心比心。从此，确立了创办京瓷的目的——为了全体员工物质和精神的双丰收，并在此后一直坚守这个信念，努力践行。通过不断达成目标，员工也就渐渐信任了稻盛和夫，坚信了稻盛哲学的力量。

很多企业在学习稻盛和夫的经营理念和阿米巴经营的时候，往往陷入一个误区，那就是坚持从所谓的"哲学共有"开始。而事实上，一个企业领导人的经营

理念，必须在经营实践中不断对自己过去经历的关键事件进行总结、反省，很难一步到位。也就是说，光靠读书是不可能学会的，一个从未经营过企业的人，即使将稻盛哲学的全部内容倒背如流，也不可能直接成长为优秀的企业家。固然，有了它作为指路明灯，的确会少走许多弯路。

学习他人的经营哲学和理念，而不能真正转化成自己企业的理念，其写得再优美动人也只不过是一堆空洞苍白的文字。要想实现对理念的活学活用，需要经营者在实践中从自我做起，并带领全体员工共同修炼，共同精进。

七、稻盛哲学与中国传统文化有什么关系

中国传统文化是东方智慧的代表，稻盛和夫的经营思想虽然根植于日本的文化土壤和经营环境之中，但也深受中国传统文化的影响。他在不同场合多次这样说"我的经营哲学都来自中国先人的智慧"。

那么，这是否意味着，与中国传统文化相比，稻盛哲学本身并没有太多不一样的地方，只要我们重视和认真学习中国传统文化就可以了呢？

实际并非如此。中国传统文化比较抽象，往往难以用在直接指导现代企业经营活动的展开上。企业经营的成败，除了经营者要具备正确的经营思想外，还需要具备与之一脉相承的系统落地工具、方法，才能够让正确的经营理念得到贯彻。稻盛哲学从"做人何谓正确"出发，衍生出一系列的经营企业的原理·原则，这些内容是中国传统文化中所不具备的，也是极其重要且中国企业最缺乏的内容。

那么，这些经营原理·原则的内容又是从哪里来的呢？在稻盛和夫的老师中，除了他的鹿儿岛同乡西乡隆盛，还有日本的"实业之父"涩泽荣一，以及"经营之神"松下幸之助等。涩泽荣一和松下幸之助受《论语》的影响极大，主张用"《论语》加算盘"来经营企业，前辈们经营企业的成功实践为稻盛和夫提供了方向。

由此可以看出，稻盛哲学（日本经营哲学）主要受到中国传统文化的影响，但二者又有着很大的不同。稻盛和夫说他的经营哲学都来自中国传统文化，那只代表了他为人谦虚、心怀感恩。

第三章

阿米巴体制：量化分权破解授权风险与人才培养

稻盛和夫认为：企业除了要确立任何人都视为正确的经营哲学，还需要建立基于这样一种经营哲学的整体经营管理系统。这里说的整体经营管理系统是指阿米巴经营体制。

阿米巴经营体制是稻盛和夫持续成功的第二大法宝。

稻盛和夫将企业细分成一个个称为"阿米巴"的小集体，从公司内部选拔阿米巴领导，并委以经营重任，以各个阿米巴的领导为核心，让其自行制定各自的计划，进行独立核算，并依靠全体成员的智慧和努力来完成目标。最终让第一线的员工真正成为经营的主角，主动参与经营，进而实现"全员参与经营"。

然而，说起来容易，做起来并没有那么简单。

阿米巴体制就像"一头完整的大象"，它是一套贯彻了正确的经营哲学，与企业运作各项制度都息息相关的整体经营管理系统。如果企业在实践中不能正确理解其内涵，必将陷入"盲人摸象"的尴尬境地。

对于任何事物的学习要事半功倍，减少摸索成本，那就必须是"先见森林"、"由面到点"。

本章内容将为大家展示一个完整的阿米巴体制。

第一节　阿米巴经营的真相

提起相对论，我们就会想到爱因斯坦；拿起 iPhone，我们就会想到乔布斯；而在谈论阿米巴的时候，我们就会自然而然地想到稻盛和夫。阿米巴经营到底是什么呢？

一、阿米巴经营是如何产生的

创业初期，稻盛和夫每天埋头苦干，从新产品开发到生产、销售，各个环节都由他一个人负责。当企业发展到了 200 多人时，他开始感觉到力不从心，身体也快吃不消了。苦恼之余，他想到了中国《西游记》里的孙悟空，要是有美猴王的分身术该多好。这就是"阿米巴经营"的起源。

"中小企业就像一个脓包，一旦企业变大了，就容易破裂。"松下幸之助也有类似的经历，他说当企业越做越大的时候，自己常常感到忙于应对，力不从心。他将松下公司划分成许多个独立核算的事业部，每个被任命的事业部长都是松下的经营替身。稻盛和夫创办阿米巴经营的思想也是如此。由此，他们渐渐走出了一个人"管"企业的思维模式，转而进行分权管理，通过系统经营体制的构建来达成权利、责任、利益三者的同时下放，让每个人都做"老板"，自主经营。这样既能提高企业的效率，减轻自己的负担，又能给予员工更多的在实践中锻炼的机会，加速培养人才。松下的事业部制、稻盛和夫的阿米巴经营都是这样产生的。

二、为何取名叫"阿米巴"经营模式

阿米巴是一种单细胞生物，音译为"阿米巴"，属原生动物，其原虫的一种也叫太阳虫。变形虫身体仅由一个细胞构成，没有固定的外形，可以任意改变体形，故也叫"变形虫"。强大的恐龙灭绝了，而弱小的阿米巴虫却在地球上生存了几十亿年，生生不息。京瓷的经营特征与阿米巴虫的生存方式非常类似，因此被取名为"阿米巴"经营。

阿米巴虫之所以能够存活几十亿年，核心在于它能够随外界环境的变化而变化，不断地进行自我调整来适应所面临的生存环境。企业经营要想长久立于不败之地，也需要具备这样的经营状态。在阿米巴经营模式下，让企业像变形虫的细胞分裂一样，将整个企业划分为一个个被称作"阿米巴"的小集体。这些小"阿米巴"有着变形虫一样的特征：乐于共享信息、高效沟通、整体协调性强、灵活应对市场变化、决策反应快速、意志坚定、生命力强、小集体利益服从公司整体利益、富有团队牺牲精神等。

三、阿米巴经营到底是什么

阿米巴经营本质上是一套量化赋权的经营管理体系，是一套与企业经营各项机能紧密相关、实现企业牵一发而动全身的经营管理制度体系。阿米巴经营的表象是组织划分、独立核算，它重视数据，重视经营的结果。然而，阿米巴经营更加强调现场的活力和不断的循序改善，没有脱离日本企业的经营核心。阿米巴经营强调经营哲学的根基，通过哲学共有来紧紧抓住员工的心，通过从计划到过程、结果的充分授权来激发员工的潜能，实现全员参与的经营。

从表面看来，阿米巴经营也是一种量化分权的经营体系，由事业部制深化发展而来；从根本上来说，则是一种以心为本的"人心经营"，这里的以心为本，就是将心比心。稻盛和夫认为，企业应该把"员工的幸福"作为第一位的目标。

与此类似，松下也曾提出，要为员工谋福利，松下也是第一个采取终身雇佣制的企业。可见，优秀的企业无不紧紧抓住人心，在充分信任员工的基础上实现全员经营，最终企业业绩也会扶摇直上。这也是一种"信任"加"信心"、"以心为本"的经营。

四、能给阿米巴经营下个定义吗

在《阿米巴经营》原版自序中，稻盛和夫对阿米巴给出了一个简单定义：所谓的"阿米巴经营"就是以各个阿米巴的领导为核心，让其自行制订各自的计划，并依靠全体员工的智慧和努力来完成目标。通过这种做法，让第一线的每一位员工都能够成为主角，主动参与经营，进而实现"全员参与经营"。另外，他还认为阿米巴经营必须与经营哲学相统一，所以在制定每一项规则与框架的时候，都要做到与京瓷的企业哲学保持一致。

此外，稻盛和夫在《阿米巴经营》中又说：阿米巴经营与经营的所有领域密切相关，不容易明确其整体内涵。可见，定义阿米巴经营是一件不太容易的事情。

稻盛和夫的阿米巴经营也是基于日本企业的普遍经营方式。日本"实业之父"涩泽荣一是日本企业"《论语》加算盘"（【论语+算盘】）经营的鼻祖，后被松下幸之助继承并发扬光大，真正使"《论语》加算盘"成为一种经营模式而普遍运用。稻盛和夫继承了松下的经营思想，并将这种经营方式做到了极致。主要体现在两个方面：一个是随着全球IT技术的发展，使得量化分权能够做得更加精细；另一个就是稻盛和夫将松下发明的经营会计进行了进一步运用，创造出了单位时间核算，实现了更加精细化的落地，使得经营理念更加彻底地在全员中贯彻。阿米巴经营的确是一种非常神奇的经营模式，但是神奇并不意味着神秘，阿米巴经营也是在前人的基础上发展改善而来的，是做到极致的【论语+算盘】经营模式。我们将这种经营方式统称为【理念+算盘】的经营。在下面章节中，我们将对【理念+算盘】的经营进行完整定义，帮助大家更加深刻地理解阿米巴经营。

五、阿米巴经营目的有哪些

根据《阿米巴经营》中的叙述，阿米巴经营大致有以下三个目的：

第一，确立与市场挂钩的部门核算制度；

第二，培养具有经营者意识的人才；

第三，实现全体员工共同参与经营。

阿米巴经营的根本目的首先是培养理念一致的经营人才；其次是促进全员参与经营，提升核算意识，把企业经营看穿、看透、看系统。通过这种经营手法将大企业化小，实现大企业的规模优势与小企业的灵活性兼备。

阿米巴经营的根本目的与松下幸之助的事业部制经营如出一辙。松下幸之助曾这样说过："松下并不是制造电器的企业，而是培养人才的企业，顺便生产电器。"企业竞争的本质是人才的竞争，阿米巴经营通过做事来培养人才，是真正以人为本的经营。

六、阿米巴经营能为企业解决哪些问题

在《创造高收益的阿米巴模式》中，第 2 章阐述了阿米巴模式的导入能够促使企业组织脱胎换骨，并总结出五大目的：①实现全员参与的经营；②以核算作为衡量员工贡献的重要指标，培养员工的目标意识；③实行高度透明的经营；④自上而下和自下而上的整合；⑤培养领导人。同时，通篇围绕赋权来阐述阿米巴经营，并认为阿米巴经营的本质就是一种赋权管理模式，核心是通过赋权来实现全员参与的经营。

从不同的角度来看，阿米巴经营解决了企业经营不同维度的问题。其实，对于任何一个想要实现健全成长的企业，必须同步解决企业经营的三大根本问题：

（1）方向问题（正确的企业发展方向与经营策略）；

（2）培养人才（快速培养并能留住经营人才）；

（3）系统经营体制（搭建出实现公平、公正、公开的人才赛马舞台）。

稻盛和夫在经营过程中一再强调经营理念的重要性，并反复说明"在考虑经营的战略、战术之前，更应遵循经营的原理·原则"。目的就是让员工在坚持经营理念和经营原则的基础上，充分发挥每一个员工的创造性，实现全员参与经营。此外，通过制订严格的经营计划，抓住过程中的业绩监控、评价，把管理简单化，保障授权的风险和经营高收益。

七、所有企业都适合展开阿米巴经营吗？它能够被快速复制吗

阿米巴经营在京瓷（制造业）、KDDI（通信业）、日航空（航空业）都取得了巨大成功。而京瓷集团又是一家由230家企业构成的巨型企业，业务范围涉及原材料、产品、设备提供、机器制造、通信服务、酒店、经营咨询及娱乐等广泛的内容，这些企业都是采用阿米巴经营方式。

另外，稻盛和夫为日航空这样一家如此大的企业集团导入阿米巴经营，只用了区区两年多时间，足以说明阿米巴经营还是能够被快速复制的。

目前，在日本、中国乃至世界范围内，采用类似的办法设置利润中心的企业也越来越多，NEC、索尼、三洋、软银、太阳工业、川前制作所、ABB、台塑等众多企业也通过化小经营单位的赋权管理大幅提升了企业利润。这种把利润责任下放给现场，充分发挥现场员工智慧的全员参与式经营正在日益普遍。

在推行阿米巴经营之前，我们需要充分考虑到中国企业的实际情况并结合自己公司的业务特点来量身定制，而不是盲目照搬照抄日本的阿米巴。

第二节　传承松下幸之助的量化分权之道

今天，令中国企业深深着迷的阿米巴经营方式以经营哲学为基础，是稻盛和夫站在巨人肩膀上的伟大创造。

长久以来，近现代日本企业的普遍成功被认为跟"日本实业之父"涩泽荣一有着密不可分的关系。

涩泽荣一对日本企业经营的深远影响，并不在于他一生参与创办了 500 多家企业，而在于他的经营思想。在其晚年著作《论语与算盘》中，他慷慨奉上自己的经营之道：既讲儒家的忠恕之道，也讲精打细算赚钱之术。对经营活动有着深刻认识的他给予后人这样的忠告："算盘要靠《论语》来拨动；同时《论语》也要靠算盘才能从事真正的致富活动。"

传统观念总把"义"与"利"对立起来，以至于形成了"无商不奸"的看法。当把这种观念绝对化之后，对国家和社会的发展产生了极大的害处。因此，涩泽荣一主张企业经营需要"义利合一"。

虽然用现在的眼光来看，涩泽荣一似乎没有总结出系统的经营思想，但他把来自中国的儒家思想与西方的商业伦理观合为一体，深刻影响了后来的日本企业家，为阿米巴经营方式的问世奠定了坚实基础。

如何缩小《论语》与算盘间的距离呢？

沿着涩泽荣一的理论，日本企业家开始了不懈的实践探索。其中，最突出的当属日本松下集团的创始人，位列日本"经营四圣"之首的松下幸之助。松下在日本被誉为"一手拿着《论语》，一手拿着算盘"的"经营之神"。

为了将《论语》与算盘合二为一以促进企业发展，松下在涩泽荣一理论的基础上创立了系统的经营哲学，以指导经营实践，其中"自来水哲学"是他展开经营活动的哲学基础。

何谓"自来水哲学"呢？松下有一次去考察市场，看到一个渴极了的乞丐，拧开路边水龙头就喝。他想到，像自来水这么便宜的东西，即使在喝之前未得到允许，也不会受到指责。那么，松下做家电，也要制造出价格便宜质量最好的家电，让松下的家电产品也像自来水一样造福人类。

在这样的哲学基础上，他确立了系统的经营理念，由此派生出一系列的经营原理和原则，如水坝式经营、玻璃式经营。同时，松下也发明了一系列经营手法，如松下的事业部制（即同时开创了 SBU 量化分权）、终身雇佣制、年功序列制等，这些技巧均对日本企业产生了深远的影响。

松下哲学体系落地的简单逻辑如图 3-1 所示。

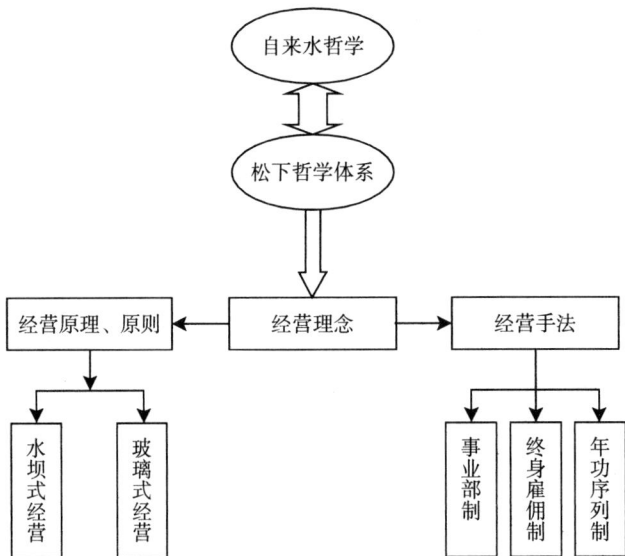

图 3-1　松下哲学贯彻逻辑

松下的经营思想对日本企业产生了巨大影响。

20 世纪 50 年代后，越来越多的日本企业开始仿效松下展开事业部制，并取得了巨大的经营成功。其中，最著名的当属阿米巴经营模式的创始人"经营之圣"稻盛和夫先生。

稻盛先生曾经这样说道："在我创立哲学的过程中，最值得一提的是松下幸之助的经营哲学（给我的帮助）。松下并没有很深的学问，可是他为什么能够创造如此辉煌的经营业绩呢？我为了知道其中的秘诀，如饥似渴地读着松下的书。并且，我把松下的想法和自己的想法相互比照。"

稻盛和夫不但很好地继承了松下的经营思想，还将它发扬光大。稻盛和夫对松下经营思想的继承和发展，在许多方面都有所体现。从以下几个方面来举例阐述。

一、水坝式经营

松下提出，一旦下大雨，河流就可能发大水，产生洪灾；而持续无雨，水量就会不足，又会产生旱灾。为了解决这个问题，就应建设有拦阻和储存河水功能的水坝，使水量尽可能不受天气和环境的左右。经营方面也一样，景气时就好像下大雨的时候，这时应该保留一定的储备资金，放在"水坝"里。企业不景气的时候就好像庄稼面临干旱的时候，这时就可以"开闸放水"，启动储存在"经营水坝"里的资金来应对危机，企业就不会受太大影响，而能够维持稳定的发展，这就是"水坝式经营"的理念。

当时人们普遍认为：由于没有充足的现金，建设应对危机的"水坝"很难实现。对此疑问，松下回答："那种办法我也不知道，但我们必须要有不建水坝誓不罢休的决心。"松下的这一回答，给了稻盛很大启发，稻盛和夫曾经回忆道："松下先生的话对我来说简直就是真理。"

由此，稻盛和夫在他的著作《稻盛和夫的实学：经营和会计》中第一条就明确了"以现金为基础的经营"原则，即企业要积累足够的现金，而不是向银行借债来经营。

稻盛和夫将从松下那里学来的"水坝式"经营发挥得淋漓尽致。

作为一个通信事业的门外汉，稻盛和夫在 1983 年创立 DDI（KDDI 的前身，日本第二大移动运营商）的时候，几乎所有的股东都明确反对。但他力排众议，他说服股东的理由就是"京瓷现在手上拥有 1500 亿日元的现金储备，我们投资 1000 亿日元进入通信业，即使没有产生一分钱的收获，也不会影响京瓷正常的经营"。

后来，股东们都全力支持稻盛和夫向 NTT 发起的挑战，DDI 后来变身 KDDI 并取得巨大成功。目前 KDDI 已发展成为年销售额 3 万多亿日元，营业利润近 5000 亿日元的世界 500 强企业。

这就是"水坝式经营"的巨大作用。

二、玻璃式经营

玻璃式经营，顾名思义，就是经营活动像玻璃一样公开和透明。

松下认为，在公开和透明的基础之上，企业的经营状况对所有的人都应清澈可见，不加掩饰，员工能清楚地看到自己的劳动成果，也能感受到高层的信任和真诚。玻璃式经营的实质是企业经营者与员工坦诚相待，互相信任。最可贵的是，松下在快速发展后，依然将这种做法保持到底。由此，员工的主人翁意识被激发，士气也深受鼓舞。

松下的这一理念渐渐被一些有远见的企业家接受并效仿。

而稻盛和夫更是明确将"透明经营"写入京瓷的经营原则中并强调，不但企业高层要知道员工在干什么，而且员工也要了解高层在干什么。为了落实这一原则，稻盛和夫强调领导者要严格自律，公正无私，如实向员工提供企业的各种信息，即便有"不好的事"，也不能肆意隐瞒。

"透明经营"被越来越多的优秀企业所接受，通过采取透明化经营，让"纳垢"在企业内部无容身之处，彻底杜绝了官僚主义的滋生土壤。通过实现透明化经营，加强组织成员之间的信息共享与交流，加快了决策速度，这是"化解大企业病"的必由之路。

值得说明的是，透明化经营并不是说什么信息都公开，而是让不同层级、不同岗位的员工清晰地掌握在本岗位做出决策所需要的信息。

三、松下的事业部制经营方式

松下对事业部制的探索，也是其对后世影响最深远的地方之一。

事业部制是松下实现《论语》和"算盘"对接的关键环节。以事业部制为纽带，松下在实践中不断完善自身的经营哲学和经营之术，最终成就了松下的辉煌事业。而对后来的企业家来说，事业部制是一种充满启示的经营模式，稻盛和夫沿着松下事业部制构建的思想走了下去，最终实现了阿米巴经营模式。

松下采取"事业部制"的出发点与内涵，与欧美大企业采取"事业部制"优化资源配置和财务管控的管理出发点截然不同。

松下电器在企业规模还较小的情况下就采取了事业部制。关于实行事业部制的目的，松下幸之助曾这样说过："当企业规模尚小时，只有我一个人进行管理就够了，但是，当企业逐步发展起来时，自己常常是忙于应付，力不从心。因此，必须选择另外的人来分担我的工作，而我委派的那个人就是事业部的最高负责人。这是松下电器公司事业部的开端。其目的是通过事业部的设立，形成一种经营责任，也便于对工作业绩进行考核。事业部之间一定要独立核算，不能将某一个事业部的盈利转到另外的事业部中去。总而言之，事业部是真正考验企业家水平的地方，是出人才的地方。"

事业部制是松下经营的根本，一切出发点都是围绕着培养人才展开的。

松下不断地将事业部分离出去，使之成为一家独立的公司，各个事业部采取独立经营，事业部之间进行市场交易，独立核算，自负盈亏。事业部制让松下公司实现了迅速发展。

因此，从某种意义上，事业部制可以看做是阿米巴经营模式的雏形。

四、将量化分权发挥到极致，实现全员参与的阿米巴经营方式

松下对事业部制的探索为阿米巴经营奠定了坚实基础。

在松下的时代，IT 技术尚不成熟，如果在事业部制的基础上划分更小的经营单位，其巨大的工作量将不是人力所能胜任的。

到了稻盛和夫的时代，随着 IT 技术的发展，事业部经营单位具备了进行更为精细化划分的条件，利用先进的 IT 工具系统，已经可以将经营状况核算到每一天，甚至每小时。

稻盛和夫说："所谓的阿米巴经营模式，就是将整个企业划分为一个个被称为'阿米巴'的小集体，从公司内部选拔阿米巴领导，并委以经营重任，从而培养出具有经营意识的领导。各个阿米巴自行制订各自的计划，实行独立核算，并依靠全体员工的智慧和努力来完成目标。通过这种做法，让第一线的每一位员工都成为主角，主动参与经营，进而实现全员参与经营。"

很显然，稻盛和夫沿着松下"事业部体制"（即事业 SBU 量化分权）的经营思想，在京瓷公司进一步深化实施，完成了微事业量化分权（即 Min-SBU 量化分权）体制的建设，并最终实现了细胞单位的事业量化分权（即 Cell-SBU 量化分权），创造出举世瞩目的"阿米巴经营模式"。

第三节 【哲学+阿米巴】的本质——【理念+算盘】

众所周知，日本是一个小小的岛国，而这个小岛上竟然诞生了近百家世界 500 强顶尖企业！丰田、索尼、本田、松下、京瓷、佳能、日立……哪个不声名赫赫、备受尊崇？在令人惊叹的辉煌成就的背后，离不开日本企业对"《论语》加算盘"经营方式的深刻理解和灵活运用。

所谓的【稻盛哲学+阿米巴经营模式】，是日本企业"《论语》加算盘"经营方式的代表作。然而，对于这种系统经营方式，中国的企业界似乎对此知之甚少。

现在，很多中国企业希望学习和引进阿米巴经营。"阿米巴经营"到底是什么？企业里每个人对此都有着不同的理解。

这不禁让人想起盲人摸象的故事，现在许多中国企业在学习阿米巴经营时正是如此。

经营学中有一条基本原理，即"定义决定结果"。也就是说，对于阿米巴经营这一概念的定义理解程度的高低，直接决定了它在企业中的实施效果。

如果仅仅模仿阿米巴经营的一些表面做法，而不能深入到阿米巴经营背后的本质，一定不会取得预先想要的结果，或者说会走大量的弯路。现在很多中国企业读了阿米巴经营的书，就照着书上的方法论去生搬硬套，却发现在自己的企业根本行不通。"西施犯病时手扶胸口，双眉紧蹙，比平时更美丽。东施学着西施的样子扶住胸口，皱着眉头，反而更显丑陋。"就是这个道理。

因此，我们中国的企业要做阿米巴经营绝不能做和京瓷一样的阿米巴，而是要首先学习稻盛和夫阿米巴经营背后的核心思想，掌握这种符合大道（不分国界、不分行业、不分企业）的经营原理及原则，来构建自己企业的系统经营管理体制，最终做出符合我们中国企业特点的"阿米巴"。如果我们只是摸到阿米巴的一条腿或者一只耳朵，就去高调地在自己企业宣布说要推行阿米巴，那么随时都可能因为违背经营的原理及原则而走偏。

一、从企业运营角度完整理解"阿米巴经营"

阿米巴经营的秘诀，也是最难点就在于：阿米巴经营方式基于经营哲学，是一套跟企业经营各个方面的制度息息相关的系统管理制度体系。这头"完整的大象"，既有"灵魂"，也有"身躯"。下面让我们用【理念+算盘】自主经营的思想先来完整地揭开这头"大象"的庐山真面目，如图 3-2 所示。

（一）经营哲学、经营理念和经营原则

这些内容与企业创始人的经历直接相关。每个人的人生经历不一样，所形成的自我哲学认知和价值观的体验报告也是不相同的。

例如，松下创立自来水哲学就是缘于一次看到乞丐饮用自来水的经历，因此松下为他公司生产的产品确定了"适中定价原则"（即为消费者提供高品质但价

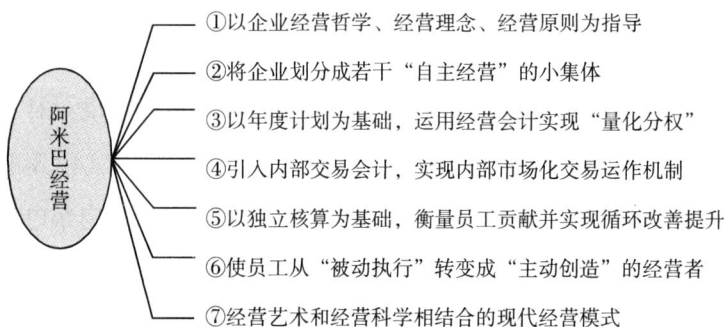

①以企业经营哲学、经营理念、经营原则为指导

②将企业划分成若干"自主经营"的小集体

③以年度计划为基础，运用经营会计实现"量化分权"

④引入内部交易会计，实现内部市场化交易运作机制

⑤以独立核算为基础，衡量员工贡献并实现循环改善提升

⑥使员工从"被动执行"转变成"主动创造"的经营者

⑦经营艺术和经营科学相结合的现代经营模式

阿米巴经营

图3-2 用【理念+算盘】自主经营定义【哲学+阿米巴】

格适中的产品）。

其他企业家又有他们各自的人生体验，所持的经营哲学也各有不同。例如，稻盛和夫认为"定价即经营"，他为自己确定的定价原则是"客户能够接受的最高价格"。

哲学判断和价值理念的不同，将直接影响到我们企业构筑的经营管理体系的不同。

（二）将企业划分成若干个"自主经营"的小集体

企业规模越来越大，为了让企业发挥出大企业的规模优势，同时又不失去小企业的经营灵活性，有效避免"大企业病"，那么将大企业化小经营是一种必然趋势。

稻盛和夫认为，阿米巴组织的划分既是阿米巴经营的起点，也是它的终点。

这句话道出了阿米巴组织划分的重要性。正确划分阿米巴组织要以设计正确的企业组织结构为前提，而组织结构的设计又直接体现了企业的经营策略。因此，组织划分并不是一件简单的事情，是决定阿米巴经营成败的关键环节。

很多企业在自己推行阿米巴经营的时候，就是在现有组织结构的基础上进行简单的划分，而在是否能够贯彻了公司的经营策略方面缺乏深入思考，这样的结果是无论下一步展开多么努力的核算和改善，阿米巴经营模式都很难取得预期的效果。

因此，稻盛和夫明确说明了正确进行组织划分需要具备的三个条件：

（1）阿米巴必须是一个独立核算单位，能够准确地掌握阿米巴的收支状况。

（2）阿米巴是一个独立完成业务的单位。换言之，就是领导在经营阿米巴时有专研创造的空间，可以体会到他的事业价值。

（3）把组织划分成能够执行公司目的与方针的单位。换言之，就是组织的细分不能阻碍公司经营策略和方针的执行。

以上三个条件缺一不可，企业可以对照检查、判断自己企业的组织划分是否正确。

（三）以年度计划为基础，运用经营会计实现"量化分权"，以达成经营权的下放而快速培养人才

阿米巴经营模式以企业的经营计划为基础展开。

计划水平的高低决定了一个企业经营水平的高低，是企业经营能力的整体体现。

年度计划对于很多中国企业来讲是一道坎，大部分的企业在制订年度经营计划时，思想上难以达成统一。这样一来，直接导致每个阿米巴都想拿到最多的公司资源，于是在制订年度计划的时候就会为争取资源而争夺不休。

其根本原因，是我们没有运用一套良好的工具作为载体去和所有的员工达成"理念统一"，这个载体就是经营会计。只有灵活运用这个工具才能很好地将企业的经营权下放，以控制授权的风险。

真正的分权，不能只给下属权利而不给责任，那样就会造成巨大风险。

例如，某一个花费 100 万元的业务活动，如果企业不进行定期跟进，就无法知道这 100 万元使用到一半的时候，取得了什么样的效果，是否达到了预期。简单讲，就是要进行组织业绩管理。

真正的放权必须是权利和责任的高度统一。往往一般企业只注重流程分权，即根据流程的各环节给予各岗位权限，这样的结果只是给了员工权利而没有给出明确的责任，其本质不是真正的分权。会导致很多时候老板被职业经理人"绑架"，从而拿着一支笔无法定案。

真正的分权是依托经营计划，运用经营会计实现"量化分权"。在事前给予悲观预期、周详的计划，针对特定对象，签订具体明确的绩效合同，给予授权经营；在事中进行费用及绩效管理；在事后进行绩效分析和费用评价。它不仅根据月度评价费用使用的效果，更重要的是根据累计值的业绩效果，整个经营管理的 PDCA 循环周期通过经营会计损益表来达成。

简单来说，阿米巴经营模式下的授权展开也是如此，是一种经营权利与责任同步下放的"量化分权"，是以"量化分权"为手段，在实践中促进经营人才快速培育的经营方式。

（四）引入内部交易会计，实现内部交易，以内部市场化为运作机制来促进企业的外部竞争

每一个企业内部所传递的信息本质上是顾客的要求，因为每一个经营环节都是代表顾客在采购。所以，最好让企业的每一个部门都能够处于鲜活的市场环境当中——代表外部客户的需求，扮演内部采购者的决策。简言之，即利用内部的竞争、交易，将市场压力直接传递到组织的各个角落，从而直接体现顾客的要求。

市场竞争的本质是产业链的纵向竞争，而非同业的横向竞争。

任何组织一旦受到保护，必然容易滋生腐败。日本的电子及汽车产业之所以能称霸全球，也是因为日本政府没有对其进行保护，而是放手让其参与世界自由竞争，最终成就了数个汽车及电子制造集团的世界 500 强企业。

通过在企业内部引入市场机制实现内部竞争，练好内功，企业将更有能力参与外部市场竞争。

需要明确的是，企业在内部展开市场化竞争，指的是手段而不是目的。真正的目的是为了更好地看透市场，看清系统的经营状况，以便经营者能够及时获得市场信息，以快速应对变化的市场，更好地协同满足顾客的需求而做出精准的决策。

（五）以独立核算为基础，将经营的实际状况看清、看透、看系统，同时用科学的组织管理业绩，评价衡量员工贡献，并实现循环改善

阿米巴经营里面有一个叫做"单位时间核算表"的工具系统，它是企业进行内部循环改善必不可少的一个工具。

在企业内部实现良性的、可持续的循环改善是阿米巴经营最根本目的之一。

对每个阿米巴进行独立核算，其本质不是看阿米巴今天做得如何好，而是看今天是否比昨天有进步，我们明天是否做得比今天更好。所以，阿米巴经营用"单位时间核算表"来监督现场工作的循环改善。

另外，我们还需要进一步理解。

"不让坏的数据反映在报表上"，这才是阿米巴经营最后的本质。当真实的核算数据表现在报表上之前，我们要秉着一切问题都在现场的原则，在现场把损失降到最低。一旦不好的数据体现在报表上，说明事故已经造成，企业的损失无法挽回。出了问题再来改善，这不是阿米巴经营的本意。

独立核算是体现每个阿米巴经营实践的必要手段。

阿米巴经营通过科学的组织业绩分析和评价，客观准确地衡量员工贡献和能力成长，让员工感受到"每天都在成长"的乐趣和生命意义。

通过定期公布经营的业绩，并不断检讨离所设定目标的差距，从而找出问题，制定对策，实现循环改善。

（六）促使员工从"被动执行"转变成"主动创造"的经营者，释放企业潜能

"不能只雇佣员工一双手，应该雇佣整个人；人人都想让生命出彩，人人都想创造价值；人人本自具足，人人具有整体观，人人富有创造性。"稻盛和夫这样说。

为何取名"阿米巴经营模式"而不叫"阿米巴管理模式"呢，这是有深刻内涵的。

管理是员工"被动执行"的思想，经营是全员"主动思考、主动创造"的思想。

阿米巴经营的伟大之处就在于它彻底颠覆了西方管理理论体系从"人性本恶"的原点出发所建立的经营管理系统，它从"人心本善"出发，从东方企业的经营实践出发，将每一位员工变成具有"老板思维"和行动力的经营者，构建释放每一位员工智慧的经营管理体系。

所以，阿米巴经营是一套科学的、高效的、复制老板的，能在企业内部形成无数个"内部企业家型"的人才培养系统。

（七）阿米巴经营是一种从人心出发，追求经营艺术与经营科学的高度融合的现代经营模式

首先，从人心出发，这点在阿米巴经营里面的体现就是做任何决策都是以"做人何谓正确"为原点，在这个基础之上来思考对方的需求和如何让工作更有利他性。这种"利他"不是去考虑一个人善恶两方面的需求，而是去考虑一个人"做人何谓正确"的善的需求。

其次，艺术和科学的高度融合，主要指艺术是非逻辑的，而科学是逻辑的。阿米巴经营的背后也同样遵循感性和理性相结合的基本经营哲学原理。阿米巴经营一方面重视会计报表中的具体数据，从科学的角度来经营企业；另一方面从感性的一面来思索"做人何谓正确"，展开以心为本的经营。

稻盛和夫曾这样说："判断是否合理，经营科学固然重要，但不能只看理论上有无矛盾，还要思考人如何才是正确的，人心的问题才是企业经营最根本的问题。"

最后，我们这里所说的阿米巴经营是一种现代经营模式。

所谓"现代经营"，有一个前提条件，要求经营者和股东立场分离。这一点在企业推行阿米巴经营时尤其要注意。在中国，目前大部分企业的最高决策者都具有股东和职业经理人的双重身份，在做经营决策的时候往往容易患上"神经分裂症"。

如何做到现代经营呢？假如企业没有聘请职业经理人，那么解决办法就是：我们老板在上班的时候是经营者，站在职业经理人的角度思考问题；下班的时候我们是股东，站在股东的立场来看待企业的所有问题。只要企业最高决策者能够站在客观、公正的立场上来处理经营的问题，阿米巴经营在我们企业的实践是完全可以实现的。

二、【理念+算盘】自主经营的基本运作原理

企业的竞争本质上是人的竞争，如何才能充分释放人的潜力呢？核心就在于分权。

分权是企业发展的必然选择，而在世界范围内却是一个难题。目前，大部分

企业是通过 "流程管理" 来实现授权和管控的，然而 "流程管理" 长期处在一个两难处境：流程不细致，会造成很多管理风险；流程太细致，又把人管死了，长此以往，员工沦为流程的奴隶，企业内形成 "各人自扫门前雪" 的局面。

如何通过分权实现 "活而不乱"？这恰恰是【理念+算盘】自主经营的魅力所在。

中国有言 "大道至简"，是指任何一个复杂现象的背后往往都隐含着一个 "简单的本质"，在企业经营领域也是如此。阿米巴经营模式与经营哲学相统一，强调从公司内部选拔阿米巴领导，并委以重任，让员工成为经营的主角，这一点已经折射出了阿米巴经营的核心——量化分权。选拔领导、委以重任、员工自主经营——都是分权的具体体现。

因此，阿米巴经营模式的本质就是量化分权，依托【理念+算盘】来实现自主经营。

阿米巴经营深入企业经营的本质，化繁为简，体现了极高的经营智慧。那么，其背后【理念+算盘】的运作原理和落地的逻辑、方法又是如何呢？总体来讲，主要由四大部分构成：经营理念、经营的原理·原则、量化工具、落地方法，如图 3-3 所示。

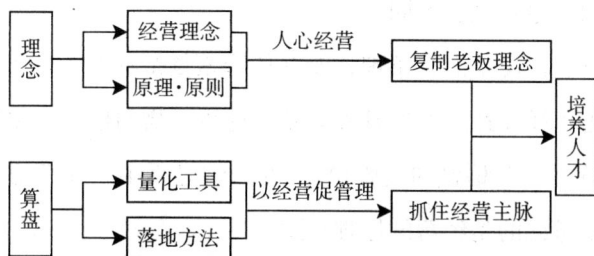

图 3-3　【理念 + 算盘】的基本运作逻辑

1. 经营理念

经营理念是企业经营的起点和终点，如果这个原点不符合自然规律，企业就不可能得到长久的发展。经营理念决定了企业的战略和经营的原则，它是企业一切经营活动的根基。

如松下的理念是要让穷人都能买得起家电，因此必须生产价格适中并且质量较高的产品。价格适中意味着成本要低，在松下电器 80 年的经营活动中，一直是坚持模仿跟随的市场战略，即产品模仿及跟随战略，因此松下和索尼一直是对手。

而京瓷理念是要追求全体员工物质和精神的双丰收，决定了它必须尽可能获取更高的利润，因此其确定的定价原则是"顾客能够接受的最高价格"，所以京瓷一定是要走创新的市场战略，即独特的产品技术战略。

2. 经营原理·原则

经营原理就是经营的公理，是对企业经营的规律性认知，它需要很少的假设条件。俗话说："隔行如隔山，隔行不隔理。"经营的原理不分国界、不分企业、不分规模，是普适的经营规律，明白了原理就能在纷繁复杂的管理现象中把握问题的本质，将企业管理变得简单、高效。例如，走"经营大道"的稻盛和夫，在他看来任何企业的经营都"没有区别"，他既可以经营京瓷，也可以进入通信领域，并且都获得了持续的经营成功，危急关头他还可以拯救日航！所以关键是要把握经营原理。

原则是原生态的规则，企业的经营原则直接与经营者的价值观、经营理念、人生经历经验、企业业务特性相关联。由于经营者的个性不一样，即使是经营同一家企业，他们的原则也会不同。

为了让经营变得简单而有条理，能够从纷繁复杂的经营事务中解脱出来，优秀企业家们都善于抓住经营的原理和原则，透析事物的根本，化繁为简。

日本"经营之圣"稻盛和夫曾说："在经营过程中，在考虑所谓战略或战术之前，我首先要考虑的是经营的原理·原则。"

3. 量化工具

经营理念的落地，在中国企业中可以称得上是"旷世难题"，很多企业的经营理念成为了被裱在相框内高高挂在墙面上的装饰品，并没有真正为企业资产的增值带来实际价值。

优秀的日本企业经过几十年的摸索，创造了企业实践经营原理和系统落地工具，破解了理念落地的世界性难题，其中尤以"经营会计"的发明最具代表性。

《经营会计报表》来源于企业原始数据，不受财务规定限制，从源头上保障了信息更加及时、准确。另外，通俗易懂也是其显著特点，即便没有任何财务知识的人也能很容易明白。稻盛和夫曾说："无论是在公司还是出差，我都第一时间看每个部门的《经营会计报表》。透过销售额和费用的内容，就可以像看故事一样明白每个部门的实际状态，经营上的问题也会自然而然地浮现出来。"

4.落地方法

物有本末，事有始终，知所先后，方进道矣！

对任何一种经营思想来说，落地阶段都是重中之重。因为企业经营首先是一种实践，其次才是一门理论。阿米巴经营落地的关键是要懂得实践的原理·原则和逻辑，以及人心的把握！

企业经营的理论必须能够直接用来指导经营实践并产生成果。《易经》中有关"象、数、理"哲学原理的阐述，运用到企业经营实践中，表现为"数据的背后"是企业经营理念、策略及全员执行结果的直接反映。这也是日本企业发明"经营会计"时所运用的根本哲学原理。

从图 3-3 以及上文可以看出，企业必须构筑以"理念"为基础的经营，才能够获得全员的认同；同时"理念"还必须与"算盘"完美结合，让理念拥有可以量化的依据。而归根到底，【理念+算盘】自主经营最根本的目的只有一个：培养人才——与企业家理念一致、共享经营成果的人才，而一切落地方法的立足点都围绕着有利于人才的培养。

【理念+算盘】的经营把企业分割成一个个实现独立核算的"直接利润中心"，开展量化授权经营，是一种符合人性且具有效率的系统经营模式。在这种思想指导下，经营者运用"量化分权"的体制贯彻经营理念，将具体的方法、手段下放，使员工从"被动的管理者、执行者"转为"主动思考、主动创造的经营者"，在实现自发改善的同时，企业内部人才的培养速度也得到了大幅提升。其核心逻辑是抓住企业经营的目标，用"经营理念"、"经营原理·原则"来指导企业的经营实践，构筑本企业的"量化分权"体制，从"经营的高度"彻底解决"复杂的管理问题"，通过抓住经营的主脉真正将管理做简单。

【理念+算盘】可以理解为一种经营模式，更是一种伟大的智慧，可以将其运用到许多的领域。譬如，当今中国的农村也可以用它来提升农业现代化的进程。曾经，农村改革中采取的家庭联产承包责任制将具体的经营方法和手段下放给农民，让农民得以从被动的"实施者"成长为主动的"经营者"。初期，分田到户等操作方式的确促进了农民的生产积极性，促进了农村生产力的发展。但随着时间的推移，由于各自分割、各个家庭理念不一致，导致生产力很快就遇到增长的"瓶颈"，同样的土地，有些种白菜，有些种萝卜。要进一步突破生产力"瓶颈"，必须实现集约化经营，将以家庭为单位的农民的理念实现共通。所以无论是经营国家、企业还是其他领域，"理念"和"算盘"都是相辅相成，缺一不可！

每一名中国人骨子里都有成为一名"老板"的理想，而源于中国传统智慧的【理念+算盘】自主经营智慧也一定能够让阿米巴经营在中国自己的土地上落地成功，帮助中国企业突破发展"瓶颈"，实现转型升级，促使中国企业加速现代经营的进程，达成员工、企业和社会的多方共赢。

第四节　八大系统交织而成的阿米巴体制

当下，很多企业在看过《阿米巴经营》的相关书籍之后，对这种经营方式非常认可，模仿者日渐增多。其中有不少企业认为，阿米巴经营其实就是划小单元的核算管理，并没有什么秘密，但是按照自己的套路做下去之后，难题却开始接二连三地显现。

阿米巴经营实在太难效仿了，不少企业打起了退堂鼓。

之所以产生这样的困惑，主要是由于目前中国企业对阿米巴经营还处在一个"盲人摸象"的状态。

稻盛和夫曾反复强调："阿米巴经营并非是世人所称道的经营诀窍。如果仅仅是经营诀窍的话，那么应学习其方法和程序。但是仅仅模仿阿米巴经营的做法，并不能够取得很好的效果。其原因是阿米巴经营以经营哲学为基础，是与公司运作的各项制度息息相关的整体经营管理系统。"也就是说，阿米巴经营需要以哲学和经营理念的渗透作为前提。

中国企业想要构建出自己企业的阿米巴经营模式，需要以掌握企业经营原理·原则为基础，而不是单纯地模仿书中所描写的具体方法。

阿米巴经营体系构造模型如图 3-4 所示。

如图 3-4 所示，完整的阿米巴经营体系是由八大系统构成，而这八大系统又是相互关联、协同驱动的。

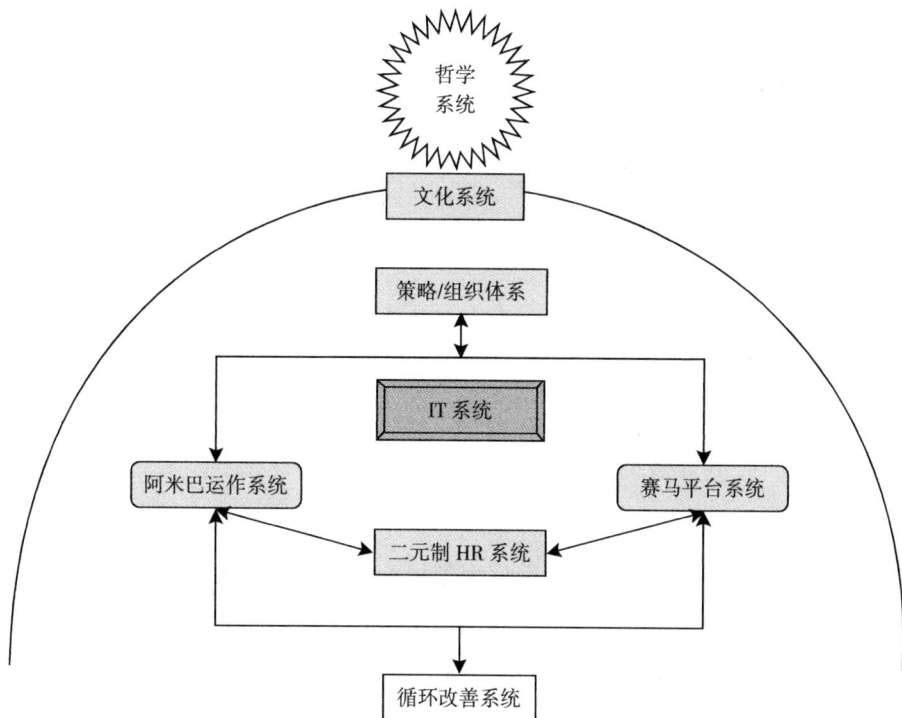

图 3-4　阿米巴经营体系构造模型

一、哲学系统

哲学系统是阿米巴经营的最高指挥部，是企业经营一切决策的根本来源，它直接体现企业的经营走向和命运。

例如，稻盛和夫认为，只有汗水换来的收益才是真正的收益，这种哲学判断直接影响到他的经营决策。20世纪80年代，手握巨额资金的京瓷被众多银行劝去投资高回报的房地产行业，稻盛和夫断然拒绝。后来经济泡沫破裂，许多大企业破产、亏损、信誉扫地，而稻盛和夫的企业没有受到任何影响，依然稳健地成长着。大家开始说稻盛和夫多么伟大，多么有预见性，在稻盛和夫自己看来并非如此神奇，他只不过是在坚持按照自己的经营哲学做出了一个日常的决策罢了。

一个企业的哲学系统是否符合一般规律，能否将企业最高领导人的经营思想在经营的日常活动中贯彻下去，可以说从根本上决定了企业的经营成败。

二、文化系统

文化系统是哲学系统的外在表现，它与经营者的哲学观念和人生经历紧密相连，就像世界上找不到两片完全一样的树叶那样，世界上也没有两个完全相同的企业。

不同的企业有着不同的企业文化。

以京瓷为例，稻盛和夫认为员工是第一位的，理应追求全体员工物质和精神两方面的幸福，让员工感到在这里工作真好。在这样的理念下，京瓷逐步形成了以"爱、利他、整体观、创新"等为核心的企业文化氛围。

文化系统对企业的影响之大，好比大气层之于地球，阿米巴经营体系的其他系统无时无刻不处于文化系统的笼罩之中。员工在公司的每时每刻都对企业文化有切身体验，如同人们每时每刻置身于空气之中，不断地在呼吸一样。

如果员工感到在这里并不快乐，不能认可高层的行事作风或者感到自己不被认可，企业的生产效率就会大打折扣。文化是企业的风土，员工每天感知得到，不需要通过制度去进行规范。又犹如中国人无论身在何处，只要到了端午节就会想到要吃粽子、到了中秋佳节就会思念亲人、到了春节就要全家团聚那样，这一切都是倾注到了人的内心深处的自发行为。

三、策略/组织体系

阿米巴组织体系是关于如何构建、划分阿米巴经营单元及如何设计经营授权的系统，而组织体系的设置，必须以公司正确的经营策略为基础。

各个阿米巴单元之间的业务及工作关系不同，使命也因之不同。阿米巴组织的划分必须以经营的实际情况为基础，必须具备三个条件：

第一个条件是划分后的阿米巴单元需要有明确的收入来源。因为采取独立核算制，就必须要能够独立计算收入，同时能够计算出为获取这些收入而所需的支出。

第二个条件是阿米巴单元是为完成一项独立业务而成立的。因此，划分出的阿米巴单元必须具备独立完成业务的能力。

第三个条件是能够贯彻公司整体的目标和方针。即使划分出来的阿米巴单元能够明确计算收支状况，也是一个能够独立完成业务的单位。但是如果它妨碍公司方针的实施，使公司内部的协调机制被分割得支离破碎，那就无法完成公司的使命，也不能成为独立的阿米巴。

四、阿米巴运作系统

把企业进行划分并建立起阿米巴组织体系之后，还远没有大功告成。

根据经营环境状况以及市场动向的变化，阿米巴组织要灵活地调整自己，并迅速做出应对，随时保持符合当时情况的最优组织。

例如，有些阿米巴单元由于新业务的开拓而诞生或分离；有些阿米巴单元由于业务调整要放弃，所以有待合并或者撤销。这就需要阿米巴运作系统来调整每个小阿米巴单元的诞生、分离、合并、撤销等一系列动作过程。

有了这个系统，下级阿米巴单元的诞生、分离、合并、撤销都需要遵循上级阿米巴单元的意见和经营策略。运作体系不会出现徇私舞弊等不遵守经营方针的现象，例如，在任命某个阿米巴单元的"巴长"时，可能出现任人唯亲的现象，或者随意分裂阿米巴单元的现象。

运作系统保障了阿米巴经营体系正常运行所需要配备的一系列规则。

五、赛马平台系统

完成人事任命之后，阿米巴经营体系与经营会计体系实现完美融合，产生了一个影响企业高效运转的关键系统，即赛马平台系统。

在用人方面，很多企业都难以摆脱"先有伯乐，而后有千里马"的魔咒，只有得到上司赏识的人，才可能被贴上光彩照人的"人才"标签。

在这一方面，阿米巴的赛马平台与海尔提出的"赛马不相马"的理念有异曲同工之妙。

通过在阿米巴组织体系的基础上实现授权，以经营会计系统量化工具为载体，将具体的方法手段下放给员工，用事实数据实现对人才能力的客观评价。

"是骡子是马，拉出来遛遛"，赛马平台系统为全员搭建了一个公平、公正、公开竞争的舞台，为组织中人尽其才创造了条件，最大限度保障了真正的千里马不被埋没。

六、二元制 HR 系统

阴阳的朴素哲学辩证思维是中国传统智慧的精髓，有"阴阳为万物之本"一说。阴阳相反相成是事物发生、发展、变化的规律和根源，体现了万事万物的对立统一。

阿米巴经营的二元制 HR 系统的构建思想也源于此。

与传统人力资源体现截然不同，二元制 HR 系统在阿米巴运作体系和赛马平台的基础上运行，强调的是"理念与效益"、"能力与绩效"、"过程与结果"、"长期发展与短期激励"等兼顾的二元关系，处处体现出辩证统一的朴素哲学思想。

在这种 HR 体系下，日本企业通常的做法是，企业中具体岗位的工资首先跟能力匹配，员工职位升迁时，只是岗位的变动，并不会因此获得额外的薪酬提升，而员工的职务被撤销，其薪酬也不会受到任何影响。它有效消除了管理上的官爵制度的不利影响，强调员工的岗位责任，引导员工不要攀比收入，而要关心组织贡献与理念、业绩的双重进步，解决了传统人力资源管理不好解决的问题。

稻盛和夫认为，在 HR 系统中，关键不在于制定好的规章制度，然后轻松地按照这个规章制度进行，而在于经营管理者倾注心血，在日常工作当中通过对自己下属员工的关注来进行人员调整。真正的绩效考评是作为经营者对现场一线每位员工工作状态的感知。这是一种充满人性关怀的 HR 体系，它解决了职工的升迁与降级、能上不能下以及老员工安置等诸多复杂的人事问题。

二元制 HR 的理念对中国企业有很好的启发，我们需要结合中国国情和企业实际，构建出符合自身的 HR 系统。

七、循环改善系统

阿米巴经营的本质不是关注员工今天要做得如何，而在于明天能否能够做得更好。

在循环改善方面，阿米巴经营同样遵循"三现主义"的原则：现场、现物、现况。现场即场地、工作场所；现物即现场物件和资源，如不良品、工具、设备、人力等；现况则是指现场的实际状况，需要了解原因、确认有效政策。

企业在永无止尽的循环改善中不断提升，它是阿米巴经营的终点，也是起点。

八、IT 系统

IT 系统是企业的神经，是使得阿米巴经营八大系统完全融为一体的关键技术环节。

IT 系统主要负责企业内部信息的传递和数据的计算等，使得企业的整个系统得以协调运行。随着 IT 技术的不断进步，企业得以实现经营状况和信息系统的全面对接，阿米巴也得以实现更加精细的划分。在经营信息稍纵即逝的当今时代，速度逐渐成为竞争的核心要素之一，IT 系统已经成为现代企业不可或缺的重要支柱。

当前，许多学习阿米巴经营的企业，往往将以上八大系统像垒砖块一样一块一块的堆起来，难以形成整体感。现实中，大多数企业或多或少都有上述的八大系统中各模块的内容，然而"理念与制度"、"定性与定量"往往是两张皮，就像得了精神分裂症，这也是目前我们企业推行阿米巴经营最大的难点。

几十年持续辉煌的经营成就，早已证明了阿米巴经营的价值。无数在市场经济的浪潮中划着小艇艰难行进的中国企业家们都希望汲取其中的智慧。八大系统就像一颗颗美丽的珍珠，如何参透其中智慧的结晶，找出一根绳索，将零散的珍珠联成一串璀璨的项链，是阿米巴经营中要解决的核心问题。

或许，我们很难在一本书中将其中的整体驱动机理展示给大家。但我们相信，只要企业具备了稻盛和夫所说的"回归原点"的系统思考，就一定可以找到其中的经营真经。

第五节　企业家要时刻"回归原点"

随着稻盛和夫的名声在中国的迅速传播，其经营思想也被置身于摄像镜头和闪光灯之下，不断地在报纸和书刊上闪耀着光辉。人们在谈及稻盛哲学的时候无不钦佩，然而在谈到"贯彻"、"落实"这样的字眼时，却上演了一幕又一幕极其滑稽的场景。

从经营者的方面来说，很多企业家在了解稻盛哲学和京瓷的阿米巴经营方式之后，都对其道德修养和经营思想表示高度认可，当说到要在他们自己的企业推行时，大家却说："这个要做到稻盛先生那样可真难啊！阿米巴经营阐述的很多经营方法，在道理上也非常好，甚至很完美，但是我的企业用起来好像不太适合，在中国的国情下这样做感觉有些不太实际！"不少企业对阿米巴经营的探索，似乎也证明了这种观点的正确性。

一、阿米巴经营遭遇"水土不服"

为何企业普遍认可的阿米巴经营到了中国就"水土不服"了呢？这究竟是人的原因还是阿米巴经营的原因？

在中国企业，老板跟员工谈哲学、谈理念，认为老板普及稻盛哲学、阿米巴经营理念是在"作秀"、"不如多发点工资实惠"的员工绝不在少数。

除了企业家的原因外，中国和日本两国的体制、文化都有重大差异，加上企业所处的环境和发展阶段也不同，员工素质也不同，就连员工对老板的理解也是完全不一样的。要想在中国企业引入阿米巴经营势必没那么容易。

然而，中国企业所面临的市场环境和经营压力与日俱增，经营管理水平的提升迫在眉睫。我们应该如何活学活用稻盛先生的宝贵经验呢？

华为的一位高管曾经说："最近这些年，我从未停止过思考同一个问题，苹果强大我们学苹果，三星强大了我们又学三星，现在发现稻盛和夫好像是最厉害的，我们又向他学习……我坚信这样的学法肯定不对，经营企业一定存在某种本质的大道，可有些问题我还没想明白。中国企业到底应该向谁学？学什么？我想听听田老师您的看法。"

或许，来自盛和塾·广东某理事长的一段话，能够给我们带来一些启发。他大概是这样说的："现在的日本企业家和中国企业家的不同之处在于，中国企业家像个儿童，看到什么好玩就玩什么，看到什么热就去学什么，学完用一阵子，感觉没什么效果，就丢掉了，再去寻找新的；日本企业家则像一个成人，认准了一套思想，就坚定地去实践，不断精进，如果没有产生效果，就反省自己实践得是否到位，哪里还可以继续改进。这种踏踏实实的经营精神，持续精进和坚定不移的意志正是当下中国企业家最缺乏的，大家总想找捷径，但捷径往往是找不到的。"

很多企业学习阿米巴经营从方法论入手，只看到一些稻盛和夫经营企业的表面表象，照搬照抄书上介绍的一些操作方法，比如单位时间核算制以及阿米巴经营单位的业绩不与员工收入挂钩或者采取直接挂钩方式，其结果往往是一推行就碰壁，失败是必然的。

要学习阿米巴经营，企业家首先需要学习日本企业家的那种"二杆子"精神，认准了一套道理，并看到它在稻盛和夫的身上所体现出来的巨大价值，就秉着不达目的誓不罢休的信念去不断琢磨、实践。作为企业的经营团队，必须齐心协力，相信适合本企业特点的阿米巴经营一定是可以得到全员拥护和贯彻的，浮现出来的种种困难都是能够被克服的。

即使是稻盛和夫本人，他在拯救日航，为日航导入阿米巴经营的时候，也并非一帆风顺。稻盛本人也曾表示，他总是不断地和日航的员工争论，不断地教育、说服他们，日航员工才逐渐地改变了自己的想法，这种不达目的誓不罢休的信念克服了重重困难，最终稻盛和夫成功地带领日航走出困境，获得了新生。

二、构建阿米巴经营必须掌握经营的原理·原则

目前的中国企业家，大部分尚处于只盯着"钱"来经营企业的局面。认为员工拿了工资，就应该为企业做贡献，企业多发奖金，这就是对员工好。这与真正意义上的阿米巴经营有着巨大差别！

稻盛和夫一方面非常强调给予员工物质上的富足，另一方面他又认为，真正的对员工好，核心并不是体现在给员工发多少工资，分多少股权，而是要培养员工成才，让员工实现个人的人生价值。因此，在京瓷设计晋升制度时，员工成为阿米巴负责人或被撤销阿米巴负责人的职位，那都只是岗位的变动，其工资收入不会受到任何影响。员工在京瓷得到了更多的培训机会，学会了为人处世的正确道理，提升了自身的人格和能力，员工不会因为职位的升降而影响士气，反而增

加了对企业的忠诚度。真正意义上的阿米巴经营，是一切从培养与企业家理念一致的人才出发，实现全员参与经营。

在学习阿米巴经营的时候，由于中国的国家体制、文化、员工素质等都与日本不一样，的确不能照搬照抄，怎么办？

稻盛和夫说："我在考虑所谓战略战术问题之前，首先要考虑经营的原理和原则。"阿米巴经营在每个企业的表现形式各不相同，但其背后的原理是一样的，只要我们掌握了原理，阿米巴经营在中国企业并非不能实现。台塑集团王永庆创造的从"事业部→利润中心→成本/费用中心"的分权管理方式其实就是中国企业的阿米巴经营，背后的原理是一样的，只不过两者的称谓不同。

原理是客观存在的自然规律，它不会因个人的主观感受而不同；原则是企业内部的做人做事的原生态规则，它受个人的经验经历、价值观、世界观、人生观影响而不同。原则可以让事情变得简单，经营行为符合原则，就果断去做，不符合原则，就果断否定。经营的原理·原则是需要每个企业家懂得的，并不是需要每个企业家都经过长时间的摸索才能掌握的，而是能够通过学习体悟快速掌握的。

唯有懂得了经营的原理·原则，才能摆脱教条主义，进而创造中国的阿米巴经营。如果在经营企业的时候，不能从原理和原则出发，仅仅从表面的数字和具体方法的层面去指导员工，不仅会禁锢员工的创造力，限制员工的进步，也不可能实现阿米巴经营的落地。因为一个具体方法往往只能解决一个问题，而现实中的经营信息是瞬息万变的。因此在经营的过程中，经营者只需要看到问题背后的本质，掌握经营的原理·原则，并传达给员工。至于具体每件事的方法和流程，员工可以自己去思考，自己去用心，这样不仅培养了人才，也可以让员工亲身体会经营哲学的作用，更好的贯彻哲学和经营理念。

三、九段高手都懂得时刻"回归原点"

掌握企业经营的原理·原则，就能够创造出符合自己企业的阿米巴经营。

然而，原理·原则并不是完全适合任何环境的。例如，牛顿的经典力学定律，开始被认为是准确无误的，并且得到了广泛的应用。但是随着科技的发展，人们发现牛顿定律并不适用于高速运动的物体和微观领域。后来人们进一步深入研究，依靠相对论和量子力学才分别解决了物体在高速运动状态下和微观亚原子条件下的问题。这就告诉我们一个很简单的道理，任何原理都是有前提条件的，一旦这些条件不具备了，原理就不能适用。企业经营的原理·原则也一样。

如果世间有恒久不变的东西，那就是原点。"太极生两仪，两仪生四象，四象生八卦，八卦生万物。" 最顶尖的智慧总是能够体现"万变不离其宗"的道理。要想练到阿米巴经营的九段高手，经营者必须要时刻"回归原点"。

为了便于理解，我们从中医治疗的角度来理解原点的智慧。例如，当我们感觉眼涩、眼花、眼睛无神的时候，按照西医的模块思维方式，会直接治疗眼睛；而按照中医则是"肝开窍于目"，眼睛出问题可能是肝脏运行不良，需要治疗的是肝脏。这就是运用系统思维寻求问题本质，是从问题表象回到原点的智慧。

原点是人类对社会、人、自然及其关系的基本哲学认知。当我们在困难面前止步不前时，不妨尝试着回归原点，经营企业遇到种种困惑时，我们往往是被纷繁复杂的表象迷惑了双眼，回到原点，我们就能够从中领悟到最朴素、自然之中蕴涵着最简单的真理，把复杂的管理做简单。

从方法、工具出发，往往一个方法只能解决一个问题；从原理·原则出发，则可以解决一系列的问题；而从原点出发，就可以解决所有的问题。在学习阿米巴经营的道路上，我们需要永远牢记"回归原点"。

第四章

经营会计：企业不可或缺的"指南针"

稻盛和夫这样说，经营无非就是解决如何扩大销售额、如何减小费用的问题，一点都不难。京瓷和 KDDI 之所以持续几十年保持高利润，日航之所以能够从破产迅速成为全球行业盈利冠军，都是按照"销售额最大化、经费最小化"这条异常简单的原则来运营整个企业的。

为了持续创造高利润，企业除了要依照正确的原理·原则展开经营活动外，正确的会计同样必不可少，而这门重要的会计就是——经营会计。

经营会计是稻盛和夫持续成功的第三大法宝，它是实践阿米巴经营必备的系统量化工具。

与源于西方的财务会计、管理会计不同。经营会计源于日本，由"经营之神"松下幸之助最早发明，是一门直接以促进经营提升为目的的会计系统。它的出现解决了"企业家如何一目了然地掌握经营实际"、"如何通过量化的数据来贯彻经营者意志"的世界性难题。

本章将为大家揭开"经营会计"的庐山真面目。

第一节　一目了然、易懂、易用的经营会计

一、企业经营离不开会计

利润是算出来的，企业经营不能没有会计。如此简单的道理想必每个人都懂。

然而，在企业经营的实际过程中，很多经营者却这样认为：自己不需要懂会计，反正把每天发生的单据汇总并交给会计师就可以了，自己只要知道最终的经营成果（利润）就行了，专业的处理可以交给专业的会计人员。这样的观点在当下中国具有普遍性。

经营者必须正确、及时地掌握企业活动的真实状况，才有可能带领企业长期持续的发展，尤其是面对当前越来越复杂、变化越来越快的市场环境时，这一点尤为重要。

对于会计的重要性，稻盛和夫这样说："如果把经营比喻为驾驶飞机，会计数据就相当于驾驶舱仪表上的数字，机长相当于经营者，仪表必须把时时刻刻变化着的飞机的高度、速度、姿势、方向正确及时地告诉机长。如果没有仪表，就不知道飞机现在所在的位置，就无法驾驶飞机。"所以，如果企业离开了准确反映经营实际状况的会计，那么，经营者就无法展开有效的经营判断。

二、通俗易懂的经营会计

长期以来，只要一提及会计，大家满脑子浮现出来的都是有关"财务会计"或"管理会计"的概念，仿佛那些数据都只有专业人士才能看懂、才知道如何分析，一些艰涩难懂的术语背后蕴涵着许多"高深莫测"的秘密。

然而，在稻盛和夫看来，这些按照固定要求制作的会计报表对于企业经营的提升改善，并没有任何实际意义。国内很多企业也逐渐意识到这一点，并为构造适合本企业自身特点的会计系统展开孜孜不倦的探索。

例如，在传统的财务会计当中，成品和半成品的制造成本要根据适当的成本计算法得出结果，否则就可能造成会计监查的重大问题。特别是股份制上市企业，为了保护投资者，企业的会计系统会受到十分严格的监督。而事实上，财务会计也是具有重大缺陷的。计算成本的过程非常繁杂，并且需要另设负责成本计算的部门，需要花费大量的人力、物力，消耗大量时间。更加不幸的是，在传统的财务会计中，几乎所有的品种都要计算成本，加上制造数量不同，成本也会相应地有很大不同。那么，一家制造多元产品的企业，仅设定标准成本的工作量就极其庞大，而且程序十分繁杂。在多品种小批量的生产模式已成为大势所趋的背景下，这种传统的会计模式虽然依旧不可缺少，但它显然已经不能成为帮助企业提高效益的"神经中枢"，反而成了拖企业后腿的"萎缩肌肉"。

松下幸之助成立了专门的"松下会计学院"，通过对会计的学习来培养能为经营服务的高端经营人才，成为老板、经营高层的左脑。松下会计学院所教授的，即是有别于传统财务会计的另一门会计——经营会计。在此基础上，稻盛和夫吸取了日本企业几十年来所沉淀的宝贵经验，不断完善并开创出完整的经营会计体系，并在他所创办的京瓷集团展开运用。由此，作为量化工具的经营会计和阿米巴分权体系，使京瓷的经营理念得以落地，从而成为京瓷迅速成长的原动力。这门会计在《稻盛和夫的实学：经营与会计》中做了简要的阐述。

三、财务会计、管理会计与经营会计的异同

经营会计是日本企业在经营领域奉献给全世界最伟大的发明，与先前的两种会计系统相比，具有明显的进步性和优势，如表 4-1 所示：

表 4-1　三种会计体系的比较

会计体系	特点	作用
财务会计	受国家法律的约束，具有繁杂的成本计算体系，其会计信息一般为企业外部利益相关者所使用，如投资人、债权人、政府等	一般为企业外部所用，对企业本身的作用十分有限
管理会计	起源于欧洲而成型于美国，在财务会计的基础上进行二次加工，为企业内部管理者提供决策依据	对提高企业效益有一定的作用
经营会计	20 世纪 70 年代成型于日本，拥有精准、有效的企业数据系统，能够提供一手数据，简单易用	针对性强，能够提升企业效率、收益和成长性

财务会计自从诞生之日起，其为股东和外部利益相关者服务的目的就决定了它并不能真实反映企业本身的经营实际。

管理会计则是以财务会计为基础，对财务会计信息进行二次加工，为企业管理者提供决策依据。然而，对于企业的量化分析，只有最原始的一手数据才能真正确切地反映现场及经营的实际状态。既然财务会计本身已经是一次失真，在此基础上所做的二次加工，自然更不能反映经营的实际状态。

除了失真性之外，财务会计和管理会计还具有缺陷：其运用目的并不在于提高企业的效益，不能很好地用于企业的经营管理；它的专业性较强，导致非专业财务人士很难看懂，因而也不利于在企业中推广，常常还会受到员工们的抗拒！

经营会计运用的是企业的第一手数据，根据本企业的业务特点进行个性化制作。它没有进行任何的人为操作，具有简单、易懂、易用，直达经营目的的特点，向经营者百分之百反映企业经营的实际状态，为正确、及时的决策提供可靠保障。

有了经营会计体系的京瓷，果断摒弃了传统会计中的成本计算法，而采用市场价格倒逼降低生产成本的思想来经营企业，即先拿到订单，然后以订单上的价格为基础千方百计降低费用，以最少的费用做出最令客户满意的完美产品，利润也就在这个基础上得以产生。

这种思想摒弃了传统会计模式中繁杂的"成本"概念，是经营会计简单易用的具体体现。究其本质，企业的最高目标不是成本，而是利润。要产生高利润，首先要有足够的客户，得到尽可能多的订单，然后再以最小的费用来完成这些订单。在这点上，经营会计体现了极强的针对性：提高企业的收益性。

四、财务会计与经营会计的区别

经营会计是日本企业经营者长期探索的结果，在很长的时间里"养在深闺人未识"；又由于这是一种基于企业个性化基础上定制的工具，在不同企业表现出的会计形式也不同，所以对此有系统化的理论认识以及实务经验的人相对比较少。表 4–2 通过经营会计与最古老的财务会计的比较，对经营会计的理论体系进一步加以说明和梳理。

表 4–2　财务会计和经营会计的区别

对比项	财务会计	经营会计
用途	外部报告：向公司的利害关系人报告公司的财务状况和经营成绩	内部经营：是经营者、管理者能够及时地了解企业的经营状况，并做出适当的对策
目标	关系者的利害调整：为调整公司和利害关系者的利害关系提供资料	生产性的提高：提高企业的收益性、生产性、追求企业的安全性、安定性
计算准则	合原则、合法：企业会计原则、财务各表规则、商法、税法	合目的：随着企业的业种、业态、规模、组织、产品、区域、课题的不同而建立的独立基础账户科目和部门计算体系
计算对象	公司类别的综合计算：综合地把握公司整体的费用、收益以及资产。通过合并决算制度，从公司到企业、企业集团其计算对象不断综合化	管理对象类别的分类计算：管理对象不局限于公司的范畴，而是按事业类别、部门类别（如制造、销售）、营业类别、地区类别、商品群类别、工程类别、项目类别、客户企业类别进行把握
计算期间	事后计算： 1 年 1 次、一定的时期（决算期后 2~3 个月） 1 年对象的事后计算	过程与结果计算： 年度开始的计算（年度计划） 年度过程的计算（月度计划） 年度末的计算（年度决算评价）

经营会计采用了与财务会计完全不同的方式去构造。按照这种方式来设计报表，《经营会计报表》等各种报表中的数据就变得一目了然，员工也容易理解，并能从数据背后发现问题，寻找改善措施。同时，无须借助专业会计知识就能掌握企业经营状况，而不再像财务会计和管理会计那样，好似云端的美人，让一般人可望却不可即。

在京瓷，把经营会计和公司经营状况连起来的就是每月结算报告。在京瓷刚刚成立的时候，很少有公司实行月度结算，一般每半年或一年才进行一次核算，而且这种核算往往委托外部的会计事务所来进行，所以无法及时了解每个月的核算情况。在当时，京瓷进行月度结算，本身就是一种开拓。而京瓷在公司内部制作核算表的基础上自主进行结算，更是可以详尽地掌握每天的业绩数据，并不断地进行改进和改良。最为难得的是，这种月度结算并不是按照月末统计出的核算表来开展的，而是每天进行各种细小数据的累积，统计当天的订单、生产、销售、经费、时间等重要的经营信息，并迅速地将结果反馈给现场。

京瓷的经营会计模式，在那个年代是一种创新。它使得企业管理层和员工在事实数据方面完全实现了共享。在此基础上，将数据背后的企业经营问题完全祖露，由责任员工自我分析，并自发拿出相应的解决方案，一系列的自主改善和创新也就由此而生，包括营销改善、精益生产、TPM、IE 工程、5S 等。在此基础上，通过每一年、每一月、每一天、每个人的不断循环改善，京瓷人一点一点地把企业做到了极致。最终，京瓷实现了持续的高速增长，并创造了连续 50 年不亏损的企业神话。

五、运用《经营会计报表》自在经营

经营会计不仅是京瓷集团阿米巴经营体系落地的核心量化工具，也长期受到其他日本企业的推崇。能得此殊荣，不仅仅是因为经营会计简单实用、易于理解，更重要的是在该会计模式中，各种报表都是直接建立在企业原始数据的基础上，不受财务规定限制，从源头上保证了信息的及时性、准确性。在实际经营中，这一优点有助于每个人更好地掌握经营实态。

在这里为大家揭开《经营会计报表》的庐山真面目。

表 4-3 《经营会计报表》简表

	销售额		
		科目 1	
变动费		科目 2	
		科目 3	
		……	

续表

边界利益		
固定费	科目 4	
	科目 5	
	科目 6	
	……	
……		
利润		
投入人员数		
人·月劳动生产力		

稻盛和夫曾这样说过："无论是在公司还是出差，我都第一时间看每个部门的《经营会计报表》。透过销售额和费用的内容，就可以像看故事一样明白那个部门的实际状态，经营上的问题也自然而然地浮现出来。"

企业在实际的经营中无疑更需要经营会计。我们期待更多中国企业在未来建立起适合自己企业业务特点的经营会计体系，实现自主经营。

第二节　构筑本企业的会计原则指导经营

经营会计是日本企业带给世人的伟大贡献，它不仅支撑了京瓷的成功，更颠覆了传统的会计学模式，给新一代中国企业家以无限启发。

经营会计是用来直接指导企业经营活动的，如果不能在实践中加以运用，经营会计就失去了意义。经营会计的构筑原则是怎样的呢？让我们参考一下稻盛和夫的"经营会计七原则"。

一、稻盛和夫归纳的"经营会计七原则"

（一）以现金为基础的原则

从某种意义上来说，由于现代社会经济活跃度的上升，传统会计学的节奏已经落后于现代经营方式。稻盛和夫本人对会计学并不算精通，而这种情况反而促使他寻找更为简单有效的方式来达到想要的效果。

传统会计学上的盈利可能只是理论上的盈利，而这种盈利的表现形式也许是库存的产品，即使实际这种产品处于积压状态，或者是未收回的欠款，而在计算这笔欠款时却未考虑其背后的风险。这种计算方式对企业经营活动中的参考价值已经大打折扣。

要想更好地把握企业的经营状况，必须找到能够弥补传统会计学这一缺点的方法。稻盛和夫在京瓷的经营过程中，形成了以现金为基础的经营原则，更加关注现金的动向而不是账面上的数字。只有现金才是最可靠的。市场情况瞬息万变，在企业有新的投资意向时，必须保证手上有充足的现金才能不错失机会。产品的销售需要一定的回款周期，融资也需要一定的成本，只有保持一定数额的现金结余，才能提高经营的灵活性，避免受制于人。

（二）一一对应原则

现金的使用必须有严格的票据制度。每一笔现金的使用都要有相应的票据，确保资金的流向有据可查。如此一来，公司的经营状况就可以在票据形成的会计资料上体现出来。一旦出现问题，也可以通过票据追根溯源，防止类似问题再次发生。

这本来是一件简单的事情，但正因为简单，许多企业往往容易忽视。如果票据制度不严格，企业的管理就会出现漏洞，轻者出现账目混乱，资金流向不明；重则容易被人借机中饱私囊，甚至掏空企业资金。因此，必须重视票据制度，保证现金的使用与票据的开立一一对应。不论是企业高层管理人员，还是普通员工，都必须遵守这个原则。企业制度严密，不仅能够防止财务混乱，员工也能增强平等意识，对企业的信任度就会随之上升。内部互信能够有效地促进企业经营活动的良好开展，使企业能够在市场竞争中处于有利地位。

（三）肌肉坚实的原则

舍与得看似相反，其实并不是完全对立。正如人无法拥有全部美好的事物，必须有所放弃才能更好地享受生活。同样，对于任何企业来说，要想取得长期的发展，必须懂得为自己减轻负担。任何对于企业的发展无益的资产都有可能是负资产，如滞销的产品、多余的原料。企业在经营过程中，要尽力避免形成负资产，而一旦出现负资产，必须当机立断将其妥善处理，以免消耗管理成本。

最妥当的办法则是从源头上杜绝这种负担的出现，例如，在采购原料时，应该依据即买即用、按需购买为原则，而不要提前大量购买。如果原料不能及时进入生产过程，必然需要投入人力和财力对其进行管理，所增加的成本往往高出预期。提前购入大批原料需要空间来储存，而不同的原料对于储存空间的环境要求又各不相同，必然需要具备一定条件的仓库。原料在储存过程中往往还有对于防火、防水、防盗、防变质等诸多方面的要求，需要专人管理。即使很快会使用，也可能需要进行搬运，如此一来，除增加了使用仓库的成本外，还不得不为保管员、搬运工、司机等支付工资。即使原料是低价买进，实际上可能也并没有达到节约成本的效果，反而增加了开支。囤积原料也会导致生产中的浪费行为，使成本相应上升。企业必须保证自己处于负担最小的状态，才能在生产和经营中处于有利地位，避免被自身的负担拖住前进的步伐。

（四）完美主义的原则

虽然真正意义上的完美并不存在，但在实际经营中，仍要以完美为目标，不断提升自己的工作能力。一件事情所能达到的效果往往和自己的期望有差距，取法乎上，仅得其中；取法乎中，仅得其下。尽管谁都难免会犯错，但如果因为犯错是正常的而降低了对自己的要求，就会形成对错误的麻木，于是错误出现的频率就会越来越高，错误的程度会越来越严重。而一个很微小的错误很可能就会使产品报废，或者造成管理方面的严重混乱。错误本身并不可怕，而错误的积累却足以毁灭一个成功的企业。因此，在工作中必须始终以追求完美为目标。每当错误出现时，要分析错误出现的原因，并进一步寻找避免这种错误的途径。正视错误、纠正错误，才有可能减少错误，让企业在正确的轨道上运行。

（五）双重确认的原则

人是感性和理性的结合体，这就决定了任何人在工作中都会有疏忽的时候。即使看似简单的工作，也容易因为人的麻木和大意而造成疏漏。避免这种情况的一种方式是双重确认原则。在处理票据资料的时候，不要过于迷信人的聪明智慧，而要通过双人重复作业来减少错误发生的可能。因为不同个体的关注点往往不同，思考角度往往也有所区别，相同的工作内容由不同的人来分别完成，一方所未发现的问题往往能被另一方注意到。这种做法看似浪费了人力，实际上如果错误和疏漏没有被发现，当其进入执行环节后，所造成的后果往往相当严重。相比之下，双重确认这个过程所消耗的人力就显得微不足道。必须在源头上杜绝错误的产生，在错误和疏漏造成后果之前将其处理掉，绝不是一种浪费之举，而是必要的选择。

（六）提高核算的原则

稻盛和夫在经营活动中创造了以独立核算为特点的阿米巴经营制度，把公司划分为许多小的组织，各个组织保持一定的自主性，刺激了企业内部的竞争意识。在划分阿米巴组织的基础上，推进独立核算的开展，使每个员工都能意识到其工作的价值所在，促使员工更加努力地工作。

一般而言，若要达到增加销售的目标，往往需要付出更多的成本，若掉以轻心就会出现"卖得越多，亏得越多"的问题。京瓷公司在控制成本的前提下运用多种办法来提高销售，努力实现销售额最大化和经费最小化。销售额与经费之间的差距，是企业形成收益的基础。在销售提高而成本不能节约的情况下，这个数据就会增大。为了让员工更好地理解这种附加值的意义，京瓷公司在划分阿米巴组织的基础上，推行小时核算制度，即将这种附加值除以时间，转化为单位时间内的附加值，并且形成惯例。这样一来，京瓷公司的员工就能很简单地了解自己为企业作出了多少贡献，并能把握自己部门的工作进展情况。

（七）透明经营的原则

只有透明经营，企业才能保持信任与活力。在许多有一定规模的企业，上下级之间壁垒森严，缺乏交流。管理者只顾制订计划、下达命令，员工只管埋头上班，对于企业整体情况既不关心，也没有什么了解的途径。而京瓷公司的雇主和员工之间始终保持着良好的信任关系，企业动作的透明度也很高。生产的情况、订单的多少、盈利如何，每个员工都可以明确地了解。

只有保持运作的透明，员工才会信任企业的管理者，才会了解自己工作的意义，并且把企业的前途与自己的工作联系起来，与之风雨同舟。如果把企业的运作情况作为商业秘密，对员工守口如瓶，就会使员工对企业产生疏离感，对工作不求上进，庸庸碌碌，这种情况的泛滥必然造成员工对于工作的麻木，进而带来企业的沉沦。透明经营在很大意义上还能起到监督作用。如果部分管理者为了中饱私囊而隐瞒经营状况，则会侵蚀企业的根基。只有经营活动透明化，员工才能把企业当成和自己息息相关的集体，从而在生产经营中发挥更大作用，并且促进企业管理状况的改善。

二、中国企业需要建立自己的经营会计原则

经营会计七原则，是稻盛和夫在经营实践中对处理企业财务工作的经验总结，与其自身的人生经历、价值观以及京瓷的业务特性息息相关。

经验的意义在于它能给人提供多种范例，让人尽量避免去犯与别人类似的错误。

纵然市场永远处于变化之中，其内在的规律却往往是看起来极为简单的，这就是经验之所以具有参考意义的基础。但是，人们不太可能两次踏进同一条河流，即使再成功的经验，人们也不能通过简单复制而取得成功。要想在变化的市场中取得成功，还需要在经验的基础上结合变化的现状进行更进一步思考。

我们参考稻盛和夫的成功做法，更要进一步探究稻盛和夫当时采取这些做法的原因。当时究竟是什么样的形势？这些做法又是为了解决什么问题？是如何产

生作用的……

中国的经济环境和社会文化与日本毕竟有所区别，如今的市场情况更加变化莫测，而且大多数企业与稻盛和夫并非同处一个行业、做类似的产品。因此，能够让稻盛和夫取得成功的"经营会计七原则"未必完全适用于中国所有企业。

中国的企业想要用经营会计推动企业的发展，决不能简单地照搬京瓷"经营会计七原则"的做法，而必须结合自己的业务特性和客观的市场情况，对这些原则加以灵活运用，并在经营活动中不断变通，最终形成适合自己的会计原则。

第三节　经营会计与内部交易会计

稻盛和夫说过："对于企业的会计而言，支持公司提高效益是其最重要的使命。"京瓷持续数十年实现高效益，一个很大原因就在于其构筑了可以准确反映经营实况的会计制度。目前，高端的日本企业普遍使用三种会计模式，即财务会计、经营会计、内部交易会计。

其中财务会计主要是为企业的外部相关利益者提供信息的工具。按照财务会计的方法，企业财务部门的统计结果一般传达给董事一级，现场工作人员很难得到相关信息。加上其较高的专业性，员工无法看出报表内容与自身工作的直接关联。因此，真正对企业经营起到推动作用的是经营会计和内部交易会计。

一、彻底实践"销售额最大化、费用最小化"经营原则

利润是企业经营的永恒话题。稻盛和夫为牢牢把握利润，明确地将"销售额最大化、费用最小化"作为企业经营最重要的一条原则，要求全体员工彻底贯彻。

为了获取更大的"附加价值"，企业必须努力用最小的费用获取最大的销售额。然而，看起来是世人皆知的道理，在实践中往往被很多员工抛在脑后——

要提升销售额就要增加相应比例的费用，甚至老板也默许这样的思维方式的长期存在。

通常，每个行业都有自己特定的利润率，很多企业认为能够达到或者超过本行业的平均水准就万事大吉了，从而放弃努力。而按照"销售额最大化、费用最小化"的经营原则，员工只要充分调动自己的智慧和创意，就能够在增加销售额的同时，不断地、彻底地削减费用。这一经营原则背后体现出经营的精髓，即经营的无限性，利润的无限性。

为了将这一经营原则真正落到实处，贯彻到企业全体员工的日常经营活动当中。稻盛和夫在经营会计的基础上，创造性地发明了更为直白、更具体化的《单位时间核算表》，用来体现单位时间里员工所创造的附加价值。

《单位时间核算表》的学名是"内部交易会计"，它是经营会计活用的精髓体现。透过简单的表格构造，可以一目了然地体现出稻盛和夫对于"销售额最大化、费用最小化"经营的不断追求。

二、用"内部交易会计"看清全员贡献

我们以京瓷某阿米巴单元的《单位时间核算表》（即"内部交易会计"）为例，来清晰地认识一下"内部交易会计"，如表4-4所示。

表4-4　京瓷使用的单位时间核算表

项目		代码	数额（日元/小时）
总收入		A	600000000
对外出货		A1	350000000
内部销售		A2	250000000
总支出		B	385000000
内部采购		B1	200000000
外部消费		B2	185000000
	原料费	B2-1	20000000
	五金费	B2-2	3000000
	采购费	B2-3	3000000
	废料处理费	B2-4	-200000

项目		代码	数额（日元/小时）
	模具费	B2-5	6000000
	消耗品费	B2-6	7000000
	外包费	B2-7	30000000
	工具费	B2-8	20000000
	维修费	B2-9	9000000
	水电费	B2-10	10000000
	燃气费	B2-11	6000000
	包装费	B2-12	2000000
	运输费	B2-13	2000000
	技术费	B2-14	200000
	办公用品费	B2-15	300000
	通信费	B2-16	200000
	税费	B2-17	2000000
	研究费	B2-18	10000
	保险费	B2-19	300000
	固定资产费	B2-20	4000000
	库存费	B2-21	10000
	折旧费	B2-22	20000
	管理费	B2-23	40000000
	杂项	B2-24	180000
利润（附加价值）		C（C=A-B）	215000000
工作时间		D	35000
正常工作时间		D1	30000
加班时间		D2	5000
单位时间价值		E（E=C/D）	6143

从表 4-4 中可以看出，单位时间核算完全体现了经营会计简便易行的特点，以"收入-支出=利润"的简单原理来构造报表，在以"利润/工作时间=单位时间价值"。简单、易懂的特性使得《单位时间核算报表》不需任何专业的会计知识就能看懂，能够服务于企业的每个员工。

可以说，它的创造性不在于专业性，而在于理念上的先进性。这种先进性使得报表直接服务于企业的经营，通过报表可以一目了然地看清每个阿米巴单元给企业做出的贡献，可以找到改善点，它将问题具体地体现到每项经费上。

对企业经营状态的理解，是单位时间核算制度中最重要的话题，也是其最大优点。为了做到每时每刻都准确掌握自己的状态，日常的财务处理首先必须做到正确、明确和迅速，所有经营数据数字不允许有任何人为的操作。在各个阿米巴之间不允许出现一笔不知该由哪个部门负责的费用，也不允许突然有一笔来历不明的资金打入企业的账户。每发生一笔交易，必须立刻作为特定阿米巴的收益或者费用来认识，每个阿米巴必须掌握每天每项内容的收入状况和支出经费。

京瓷能够将经营会计发挥到极致，淋漓尽致地掌握经营的全貌，离不开在经营计划上所下的苦心。稻盛和夫认为，在经营中 "计划比实际更重要"，经营计划是经营者意志的表现，要亲手制订，绝不可以变更，是阿米巴成员共同坚持的，无论环境怎么变化也要争取到最后的。

在京瓷，经营者会对单位时间报表中的所有项目制订计划，并要求员工在经营的过程中了解当前的实际业绩如何，时刻把握计划的进展状况，一旦某项计划出现了延误或者偏差，就立即采取应对措施。这种计划的具体形式就是每月结算报告。在每月结算中，把 "当月单位时间附加价值" 和公司利润结合起来，就可体现出每个阿米巴单元对公司整体做出了多大贡献。这样，公司的每个员工既可以从宏观上掌握经营的全貌，也可以在微观上明了经营状况背后的每一个数字。由于对经营状况的了如指掌，企业的业绩便会蒸蒸日上。

三、通过内部交易将市场压力传递到每个角落

这种集简易性与公平性于一身的内部交易会计，其背后的本质是内部交易。

在一般的会计体系中，公司的某一部门从其他部门购买的产品或者服务，会被笼统地当作成本来处理。一般来说，制造部门被看作成本单位，只有销售部门被看作是盈利单位。而由表 4-4 可以看出，在 "单位时间核算制度" 中，京瓷公司内部的各个部门之间的物资与服务的交易，会像公司从外部进行采购一样来处理，公司内销被当作了收入，而公司内购则算作成本，形成了内部交易的运营模式。这样一来，制造部门和销售部门都成为了盈利单位，即制造部门是以生产总值作为收入，而销售部门凭借为销售工作付出的劳动来收取佣金。在这种会计体

系下，每个阿米巴单元都是独立的盈利单位，创造的价值都会体现在报表中，因而能够切身感受"利润最大化、销售额最小化"的经营原则，从而自觉努力降低成本，提高利润。

国内大多数的企业，来自市场的经营压力只传递给了销售员，且销售员所感受到的压力又仅仅是拿到订单，因此销售员不会考虑自己的行为会给企业的整体经营带来什么结果。

在这种情况下，迫于拿到订单的压力，一些销售员往往会擅自降低交易的价格，从而左右企业的经营。如果销售员以过低的价格拿到订单，就会给企业的其他部门带来极大的压力，制造部门尤为突出。在这种情况下，销售员往往不考虑如何提升自己的能力把产品想方设法销售出去，而是抱怨其他部门的无能和不配合，从其他部门的角度来讲亦是如此。

而在京瓷，公司的各个阿米巴单元之间的内部交易是以市场价格为基础，每个节点的定价由双方通过"谈判"达成，从而能被各阿米巴接受和认可。这样，公司内部的买方和卖方之间仿佛在市场上交易一样进行讨价还价。如果销售员把价格压得过低，会发现企业内没有人愿意为其供货。而企业内的阿米巴单元为了获得内部交易的订单，就必须努力提高质量、压缩成本，使自己的产品比外部市场上的产品更有竞争力。在这种情况下，市场价格的变化会立即反映到阿米巴单元之间的购销价格上，竞争的压力能够传递到公司的每个角落，而公司的每个人都会在竞争的压力下努力节约成本，创造价值。

四、注入灵魂，让"内部交易会计"威力倍增

除了能够准确反映企业的经营状况、传递市场压力，经营会计的另一个特点是能够体现公平性和整体意识。

稻盛和夫认为，过分强调对核算成绩的贡献是危险的，需要关注的不是数据本身，而是数据背后的刻苦钻研和努力创新。在这种思想的导向下，"单位时间核算"真正成为了反映企业经营状况的工具，而不是作为考核业绩的工具。业绩

优秀的阿米巴不会在内心产生趾高气扬的意识，而是受到其他成员发自内心的肯定和赞扬。因此，企业内部的阿米巴单元不会为了自己的考核业绩而在企业内部抢夺资源，形成恶性竞争，这最大限度地保证了内部的公平竞争，同时也容易形成和谐融洽的企业文化氛围。

另外，公司虽然划分为一个个小的阿米巴，进行独立核算，但是这些阿米巴之间是无法进行单独经营的，只有和其他的阿米巴结合起来，在更大的整体中互相支持，共存共荣，才能实现真正的阿米巴经营。

阿米巴实行独立核算，绝不是为了让企业内部的各个阿米巴之间展开激烈的竞争、互相争夺有限的资源，而是为了把市场的紧张感和活力带入公司的内部，让公司的各个部门都紧紧跟随外部市场，以求各个阿米巴在互相帮助、共同进步的基础上更好地同外部市场进行竞争。

如果不能理解和贯彻"分与合"的关系，在这一点上产生错误理解，那么企业推行阿米巴经营反而容易导致不好的效果，甚至业绩下滑。

在国内，已经有不少团队引入了阿米巴模式，但却没能获得成功。同样的模式，为什么在京瓷能获得成功，在中国却"水土不服"？究其原因，不是制度引入的不对，而是引入了制度，却没有为制度注入灵魂。

稻盛和夫曾这样说："不管多么优秀的经营管理系统，如果不能为其'注入灵魂'，都无法调动员工的积极性，真正把企业办好。"

企业和企业不可能完全相同，经营会计、内部交易会计在收入和支出项目上更是千差万别，但是其原理却是一样的。我们不能照搬、照抄京瓷的会计报表和会计制度，而是要创造出适合自己企业的会计报表和会计制度，并为它们注入自己企业的灵魂，这才是最重要的。企业是由人组成的团队，对于一个企业来说，最重要的永远是人心的力量。

第四节　为制度注入灵魂与经营哲学（理念）

如何培育出健康向上的企业文化，如何将企业的经营理念贯彻到员工的日常活动中，在世界范围内都是一个迫切需要解决的难题。

中国也是如此，我们的企业并不缺乏好的经营理念，甚至可以说理念太多，如何落地成为困惑中国企业的千古难题。

中国的"经营之神"王永庆这样说："经营理念才是台塑真正长盛不衰的灵魂。"

而稻盛和夫，他同样无时无刻不在强调理念贯彻的重要性，阿米巴经营模式是以经营哲学为基础，如果离开经营哲学这个根基，阿米巴经营模式的威力将大大打折扣，甚至会出现一些负面作用。

一、制度总有缺陷，唯有理念才能完美无缺

目前，地球上尚未存在过完美无缺的制度，相信未来也不会有。

人是地球上最有智慧的动物，这种智慧不仅仅包括创造和改善，还包括破坏和逃避，所谓"上有政策，下有对策"，如果希望一切围绕完善制度本身来解决问题，那一定是行不通的。

通过 2008 年全球性金融危机的发生，大家都能清醒地认识到，以美国为代表的西方发达资本主义国家，虽经历了几百年的法制完善，但依然有许多可以钻的漏洞。一旦人心的贪婪和欲望无法得到满足，各种违法犯罪就永远不会消失。

企业经营也是如此，在制定规则或制度之前，运作企业的领导首先要具备正确的经营理念，用稻盛先生的话表述就是"领导要具备正确的做人准则"，并以此作为企业制定经营管理制度的依据。

世界范围内优秀的企业在这一点上想必都是共通的。

王永庆认为：没有理念，制度就没有灵魂；没有制度，责任心就没有根基；没有责任心，企业管理就没有效率；台塑强调制度的重要性，但又自始至终认为经营理念就是企业最大的制度。

对于台塑的企业文化，王永庆这样说："企业文化的形成，可以说是经由经营理念长期孕育而成。而台塑集团的经营理念，归纳起来是以勤劳朴实的态度，针对企业经营上所涉及的各个环节，都能追根究底，点点滴滴追求一切事务的合理化，并且以'止于至善'作为最终的努力目标。""经营理念和企业之间的关系就像是人的心灵与肌肤一样，只有在彻底地融为一体之后，人才是一个有生命力的人。"

虽然表述语言不同，但优秀企业家们的经营思想总是如出一辙。

不管是任何管理制度还是工具，都要以贯彻企业的经营哲学、理念为前提。只有将正确的理念贯彻到人心，才能真正弥补制度的漏洞，让管理工具成为企业发展的助推器。

二、"以人为本"经营理念的量化贯彻

企业经营的成败最终取决于人。

因此，提到企业经营要"以人为本"，想必没有一个人会说这句话不正确。

那么，如何正确理解"以人为本"，如何将"以人为本"的经营思想贯彻下去呢？"以人为本"的经营理念不应该成为被裱在相框内的装饰品，高高挂在墙壁上，这样的豪言壮语无法给企业带来实际的价值。

在日本的优秀企业里，"以人为本"的经营理念是可以通过会计报表量化贯彻，体现在企业经营的每一个活动中，绝对不是一句响亮的口号。

日本优秀企业通常都运用三大会计系统，即财务会计、经营会计和内部交易会计。而"以人为本"的经营理念在报表上体现得淋漓尽致。

我们认为，企业对于人有三种不同的看法：成本、资本、根本。即人是企业

经营的成本；人是企业经营的资本；人是企业经营的根本。

（1）在《财务会计报表》中，人被当作成本看待。在财务会计中，从员工的工资、培训、福利直到社会保险，都被算作企业的成本。企业需要反复考虑员工的成本占生产总成本的比重，以此明确人工费高低对企业盈利的影响程度。以这种理念来经营企业，员工只是机械地在企业进行劳动，无法发挥出创造性，如果企业的制度有漏洞，员工往往会铤而走险。

（2）在《经营会计报表》中，人被当作资本看待。在经营会计中，员工被看做企业发展的资本，员工的地位等同于企业的硬件设施、技术水平、银行存款等。优秀的员工就相当于优秀的机器，可以给企业带来更多的增值效益；而不能为企业带来效益增值的员工，就会像淘汰落后机器一样遭到解聘。以这种方式经营企业，员工会迫于压力而提高自己，但是无法对企业产生真正发自内心的认同感。可想而知，这时如果制度出现漏洞，员工依然可能以身试险。

（3）在《内部交易会计报表》中，人被当作根本看待。在内部交易会计中，人才真正被当做企业发展的根本来看待。这种观点认为，人的潜力具有无限性，人的价值不能拿来和机器相比较。因此，要把每个人都当人才来培养，不仅培养其职业素养，更要注重培养其人格，把企业作为员工展现才华、施展抱负的地方。这也就是为何在京瓷的《单位时间核算报表》中，并没有人工费这一科目，因为京瓷把员工看作企业发展的根本，人的价值和潜力不能用金钱衡量。以这种方式经营企业，员工在企业中会有强烈的归属感，并自发地提升自己，不断挖掘自己的潜力，发自内心的愿意与企业长期共同成长，荣辱共担。

总之，被迫的努力是有限的，正确运用"以人为本"的经营理念，并通过会计和制度体系渗透到企业每位员工的内心深处，化员工被动为主动，那么迸发出的能量将是巨大的。

三、"抠门"与"以人为本"并不矛盾

在京瓷，稻盛和夫可以说是一个"抠门"到极致的经营者，他不但确立了

"销售额最大化、费用最小化"的经营原则，还把单位时间的效益核算精确到"每秒钟一日元"，在时间上要求员工对每分每秒都不能浪费，在企业财产上要求全体员工做到就算掉一颗螺丝钉都感觉"心疼不已"。更有甚者，京瓷常常会揽下目前公司还没有研发出来的新产品订单，接着让员工夜以继日地投入试验，以寻求技术上的突破。

可以说，在京瓷工作，每分每秒都处于高度紧张的状态，尤其在研发部门更是如此。而稻盛和夫更提出了必须做到"完美主义"的明确原则，99.9%都是不被允许的。

有人不禁会问，这么苛刻员工受得了吗？这样的工作状态不禁让很多人联想到富士康。奇怪的是，京瓷不仅没有发生过跳楼的事件，也没有爆出什么丑闻。员工都在自发自愿地拼命工作，并没有觉得很辛苦。

四、理念落地：稻盛和夫如何为企业注入灵魂

稻盛哲学以"做人何谓正确"出发，指导京瓷会计学与阿米巴经营体系的构建，并通过京瓷会计学与阿米巴经营体制贯彻到每一位员工的经营活动中。这就是稻盛和夫经营长盛不衰的最大秘密。

首先，经营者要确立符合大道的理念。如果说稻盛和夫让员工在极度紧张的条件下为自己卖命挣钱，只顾填满自己的口袋，那么恐怕员工不会愿意一直跟随他，或者出工不出力，自然也不会有今天的成绩。正是因为稻盛和夫以员工的幸福为出发点，确立了"追求全体员工物质和精神两方面幸福，并为社会做贡献"的明确理念，把工作场所打造成修炼场，以此提高员工的人格和能力，才能得到员工的认可。员工在感知到经营者的一片真心之后，自然将心比心地自觉努力。

其次，企业是由人构成的组织，要想让企业成为一个有统一意志的生命体，经营者必须受到员工的信任和尊重，否则就没有人肯克服困难来实现经营者提出的目标。为了得到所有员工的尊敬，唯一的途径是经营者通过持续努力提高自己的人格。说到提升人格，看似复杂，其实依旧是最简单、最基本的"做人何谓正

确"的问题。如果经营者用欺骗和隐瞒的手段来得到客户，员工看在眼里，马上就能够联想到：经营者能够欺骗客户为自己谋取利益，自然也能欺骗员工，因此很难形成对经营者的认同。企业内部的文化氛围，往往与经营者个人的人格品质密切相关，如果经营者有严于律己的生活和做事原则，就容易在企业内形成同样的氛围。因此，如果不是想干两年企业赚点钱就行，而是想要真正地做到基业常青，经营者就必须提升自己的人格，以真诚、正直、善良、仁义等这些最基本的道德观念来要求自己。

最后，经营者本身必须为公司、为员工做出不懈努力，比任何员工都要努力。每当有人问稻盛和夫"为什么京瓷有那么高的利润？"他都毫不犹豫地说："因为我们的员工很努力。" 员工很努力，有个前提条件是稻盛和夫本人比任何员工都要努力。如果经营者自己不努力工作，那么即使拥有了高尚的人格也容易导致员工在融洽的工作氛围中拖延散漫，无心拼搏。

企业的经营管理体系只有在得人心的前提下才能发挥作用。不是因为有效的核算制度所以提高了利润，而是现场的人们内心想提高所以提高了。

为此，经营者必须亲自把"正能量"注入给现场的人们。制度只是管理企业的一种工具，不论做了好事、错事，责任都不在制度本身，而在人的身上。如果经营者不给制度注入灵魂，那么即使有优秀的经营管理体系也不能驱动员工工作，提升企业。制度有了灵魂，即便有细节上的漏洞也不要紧，当没有人寻找利用这些漏洞来满足自己的私欲时，那就等于没有漏洞。

学习稻盛和夫的经营方式，始终需要铭记，不论是经营模式还是会计模式都只是工具而已，工具是为人所用的，最重要的永远是有思想、会思考的人。只有得人心，才能经营好企业，只有给制度注入灵魂，才能让制度激发人的潜力，创造持久的成功。

第五节　依托经营会计轻松驾驭企业

会计是经济管理活动的重要组成部分，是提高企业经营效益的重要工具，如果企业的经营者不能运用会计，就无法看透企业的实态。不使用会计，就好像驾驶一艘巨轮却不使用雷达和望远镜，当肉眼发觉暗礁或者冰山一角的时候已经来不及调转航线了，随时可能翻船。

那么，经营会计又是如何驾驭企业经营的呢，如图 4-1 所示。

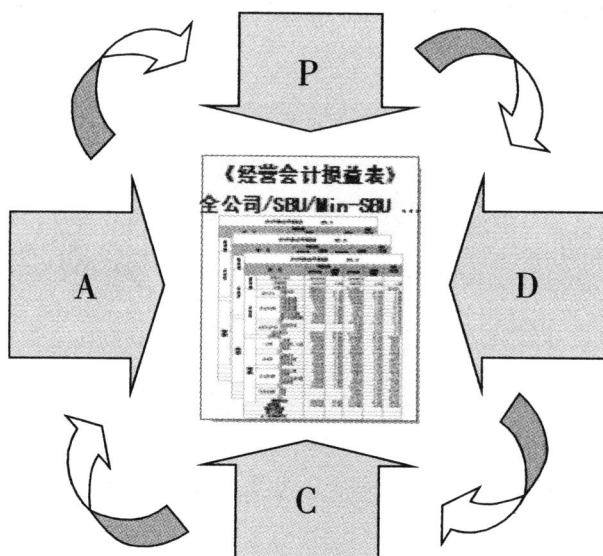

图 4-1　经营会计驾驭企业经营

一、用会计来赋权

阿米巴的分权模式与经营会计是相互作用的，会计是量化赋权的工具。经营者的个人能力总是有限的，企业越大就越需要分权。因此，首先要将经营的权利给予各个阿米巴单元，使其在遵守整体的目标和发展方向的前提下，享有相对自由的经营决策权，并实行独立核算。这种情况下，阿米巴单元作为独立的盈利单位，会亲身感受到提升销售额、降低成本的责任。

用经营会计来进行赋权，就是在给予权利的同时，时刻通过《经营会计报表》和《单位时间核算报表》来掌握各阿米巴单位的实际运行情况，以实现权利和责任的高度统一。例如，某个阿米巴单元支出了50000日元的科研经费，这些经费取得了哪些成果，需要在不同时期的报表上有所体现。权利越大，责任也随之越大，每个责任都对应着一个会计数据，在这种赋权体制下，还可以避免许多部门间扯皮、贪污腐化以及以权谋私等现象的发生。

二、一张报表贯穿事前计划、事中控制、事后分析

事前计划：在京瓷有一个认识，就是计划比实际更重要。经营会计除了每天记录经营的各种数据，还会以附加价值作为衡量标准，要求在每个月的月初为每个数据的达成制订一个计划。计划的制订不是天马行空，而是在现有资源和条件的基础上进行，即预计如何利用现有资源来开展业务，要达到什么样的目标，计划水平的高低是企业经营管理水平高低的直接体现。

事中控制：在实际经营的过程中，应时刻将现场数据同计划进行对比。在这种情况下，经营者得以与经营现场直接关联，一旦某项数据偏离计划，就需要迅速找出问题的差距所在，并分析原因。若是计划制订不当，应及时调整计划，若是执行计划不到位，就要加强执行力度，严格贯彻。

事后分析：用《经营会计报表》和《单位时间核算表》来评价各个阿米巴单元完成计划的情况，针对各阿米巴单元的评价结果，分别提出相应的措施。在保证公平竞争的前提下，经营成果好的阿米巴单元可以在整个企业推广其经营经验，而经营成果较差的阿米巴单元需要加强学习，吸取教训。

三、始终坚持销售最大化、费用最小化的原则

从赚取利润的角度来说，销售最大化、费用最小化是任何企业经营都要遵守的原则。

为了不断扩大销售又尽量保持零库存，京瓷往往先获取订单再进行生产。有时候为了获取更高的产品销售单价，京瓷往往会接下目前尚不能生产的产品订单。因此，需要阿米巴单元之间进行更加深入密切的沟通，把握好许诺的程度，如果事先的承诺难以兑现，就会极大地损坏企业的信誉，取得适得其反的效果。

在追求零库存的方面，中国企业在学习时，需要结合自己所在的行业特征来进行。对于某些行业来说，库存是必不可少的，不能照搬京瓷的做法。比较好的做法是在充分考虑自身情况的基础上，让销售量最大的阿米巴单元在企业内推广其经营经验，如怎样培养销售员、怎样把握市场时机、怎样带动客户的需求等，以实现企业内部的成功复制。

在缩减经费方面，首先通过《经营会计报表》清晰地了解各个阿米巴的费用状况。例如，为何两个用电量本应差距甚微的阿米巴单元，其中一个用电费比另一个小许多？为什么销售额类似的两个阿米巴单元，销售费用相差很大？在反复类比的过程中，通过经验交流的共享，推动各方面的循环改善，就可以让各阿米巴都掌握相应的费用降低方法，实现公司整体费用的大幅下降。

四、关注数据的背后、关注整体

阿米巴经营强调数据，但过分强调用核算数据来评价阿米巴的贡献同样是一件危险的事情，无视过程而只重视成果的经营是成果主义的典型做法。

在成果主义中，员工收入与绩效是密切关联的，两者在数字上有直接的关系。从短期来看，成果主义或许是有效的经营手法。但是，成果主义的危害主要体现在两个方面：一是导致企业员工之间互相认同的风气逐渐消失，只关注自己

业绩的员工增多，职业道德风气日渐下降，老员工带新人的积极性也越来越小；二是业绩不可能永远都处于增长的状态，业绩的回落是在所难免的事情。稻盛和夫说："与业绩的不断变化性相比，人的心理是很不可思议的，一旦业绩提升，拿到了高额报酬之后，就会对高薪感到习以为常。当业绩消退、报酬减少时，就很少有员工会站在企业的角度理性地考虑问题，这样很容易导致士气的一蹶不振，给企业带来危害。"过分强调数据，还会造成忽视很多非数据性指标，从而影响团队协作，良好的企业文化氛围难以形成。

阿米巴经营不赞成只注重成果主义的做法，但是也不提倡对所有员工的待遇搞"一刀切"。员工的待遇如果完全相同的话，就会造成恶性的平等，形成"吃大锅饭"的局面，无法激发出人的潜能。

阿米巴经营不苛求对数据本身的贡献，但是极其关注数据背后的刻苦钻研和不懈努力。对于那些不断奋斗，持续为企业整体的发展带来贡献的人，也会在薪金、嘉奖、精神奖励等方面体现出来。

五、身不离表，时刻掌握企业真正状况

稻盛和夫曾经说过，在他担任京瓷社长的时候，不论是出差还是在公司，一有时间就会查看经营会计报表和单位时间核算表，通过报表掌握企业经营的实际状况。此外，每个阿米巴领导也可以从宏观上了解整个企业的发展局势，可以透过报表上的数据从微观上把握好每一个细节。因此，要想真正发挥出经营会计的作用，必须认真分析研究会计报表每一个数据背后的问题，而不仅仅是发挥其简单的数据统计功能。

需要明确的是，表不离身，需要以对本企业的充分了解为基础。稻盛和夫曾说，看到报表上的每个数据的时候，他能马上在脑海中浮现出相应的员工状态。如果对本企业没有足够的了解，那么在管理者看来，报表上的只是一连串死的数据。

六、注入灵魂来使用会计

和其他的会计一样，经营会计也是一门工具。然而同样的工具，在不同的人手里会产生不同的作用，有的成了企业成长的好帮手，有的反而成为泄露公司商业机密的无间道。

人，天生具有逐利性，防止员工铤而走险也是企业负责任的体现。企业不宜仅仅关注制度本身，而应当始终做到以人为本，把对制度的关注真切折射到对员工的关怀上。

员工的人格得到提升，受益的不仅是企业，员工本身才是最大的受益者。人生在世，只有问心无愧，才能得到真正的快乐，同时提升人格是对自己的生命负责。稻盛和夫将修炼灵魂看作活着的目标，是其对生命状态体验的真实感悟，值得认真思考。

为制度注入灵魂，塑造出优秀的企业文化，影响到的是企业中每一个人，它只能由经营者亲自来完成。即使在企业的机制成熟以后，出现人人参与经营的局面，仍然离不开像稻盛和夫这样的最高经营者用优秀的人格来保证制度的落实。

对于经营会计这门工具的使用，注入灵魂始终是最为重要的，注入灵魂不仅可以弥补制度的缺陷，保证企业机制的运行，更可以激发人的潜力，成为推动企业持久发展的动力。不论什么样的制度或工具，只有赋予其灵魂，才能成为无坚不摧的利器。

下篇

中国企业迫切需要自己的阿米巴经营

导　读

在经营学中，有一条经营原理叫"定义决定结果"。

苹果通过重新定义手机而颠覆了整个行业，成为利润机器。同样的道理，不同企业对于阿米巴经营的内涵理解准确与否、水准的高低，已经决定了实践的结果。通过上篇的解读，相信企业对于阿米巴经营的全貌有了相当的理解。

但是，中国有句老话，叫"知易行难"。

从阿米巴概念理解到实践出好的成果，还有相当漫长的道路要走。无数中国企业独自推行时遭遇到的种种艰辛，似乎都证明了这个朴素的道理，有的不知如何下手，有的陷入难以挣脱的陷阱……

下篇首先揭示出中国企业在推行阿米巴经营过程中容易陷入的九个"误区"，并阐述其中缘由；其次会对阿米巴经营在企业中的正确推行方法和步骤进行介绍；最后重点介绍一个本土企业的成功实践案例，希望能够从实战的维度带给企业更直接的启发。

最终，阿米巴经营是复制企业家的经营，它的推行需要坚持"一把手工程"。除了企业最高领导人要正确理解阿米巴经营之外，还需要在企业中高层达成一致理解，并运用所学的【理念+算盘】自主经营的原理，达成"以不变应万变"，构建出适合本企业的阿米巴经营模式。

第五章

大误区：阿米巴虽好，别走偏了

以阿米巴经营为代表的【理念+算盘】自主经营被认为是未来企业发展的必然趋势。然而，很多企业推行阿米巴经营一年半载甚至几年都没有取得预期的效果，甚至有的还造成了一些负面影响。

面对残酷的现实，很多人不禁开始动摇——阿米巴经营能够融入中国吗？

道成智聚作为国内阿米巴经营落地辅导的权威机构，每天都会接到来自全国各地的咨询电话，企业家们在表达出对于阿米巴经营的认可和坚定实践的同时，更关注如何解决推行过程中遭遇的种种问题。我们认为，企业在摸索的过程中遇到一些问题并不可怕，但是很多企业的问题出在"路走偏了"。

如果说南辕北辙还可以到达目的地，只不过围着地球绕一圈；但如果南辕东辙，恐怕绕多少圈也不会到达成功的理想国度。

本章为大家总结了一些常见误区，企业一定要避开这些陷阱。

第一节 "削足适履"的阿米巴

阿米巴经营诞生于日本，是日本《论语》加算盘经营的杰出代表作，为岛国创造了无数的企业经营奇迹，是一双非常适合日本企业的"鞋"。

现在，我们要让阿米巴经营这双"日本木屐"穿在中国企业的脚上，必须根据中国企业的尺寸量身定制，才能穿得舒服、走得轻便、走得更远。阿米巴经营能否适用于中国企业，对中国企业未来发展的意义重大，是一次跨国实验，如果完全照搬照抄，历史的经验告诉我们，风险很大。

中日两国的企业到底存在哪些方面的差异，是我们首先要弄明白的问题。

一、社会保障制度的差异

社会保障制度的发展和完善关系到整个社会的稳定与和谐，又与每个人的工作、生活息息相关。中国和日本的社会保障制度由于发展历史、认识程度等的不同，存在着诸多差异。

（一）法律支持的力度

日本的社会保障制度有着严格的法律依据和程序；而在中国，《宪法》中暂无"社会保障"这一概念，只是对国家责任和公民权利在某些章节作了表述。日本的社会保障法律部门分为社会保险、公共扶助、社会福利、公共卫生及医疗四个子部门，每个子部门都有相应的法律体系，其单行法都由立法机关特别设立，具备国家法律的属性；中国现阶段关于社会保障的立法，则多以政府行政法规、政策或部门规章的形式颁布，不具备国家法律形态，约束力不够强。

（二）社会保障模式与内容

日本具有多层次、广覆盖的社会保障体系。以养老保险为例，日本的养老保险主要采取的是由国民年金制度和雇员年金制度共同构成的双层模式：国民年金制度覆盖了在日本拥有居住权的所有 20~60 岁的居民；而雇员年金制度与就业收入相关联，几乎覆盖所有工作者。中国虽然一直有意向建立多层次的社会保障体系，但到目前为止，体系还不够完善，保障内容和标准因地域、职业的不同也存在差异，且保险的可携带性较差。

除了养老保险之外，工作者对失业保险同样关注。日本的失业保险即雇佣保险，全体雇员和农业工人都是雇佣保险的保护对象。失业者可以领到基本生活费、就业促进费，此外还有住房、培训等补助。反观中国，虽已出台《失业保险条例》，但其失业保障内容较为单一，覆盖面也有限，促进就业仍然主要靠政府的其他政策。

（三）社会保障的财政结构

两国的社会保障资金来源基本都是由国家、企业、个人三方共同承担，但各方所占比例却有着很大的差别。日本政府对社会保障方面的财政投入很大，企业和个人的负担比重相当；在中国，政府对社会保障及相关补助费用的投入比较少，保险基金主要来源于企业和个人，而企业的负担偏重。

综上所述，中国的社会保障制度尚不健全，对企业成长及员工安定都带来一些不良影响。企业在社会保障方面的压力过大，直接影响到发展，一旦企业"不堪重负"引发逃费、避费，直接影响企业受雇者的个人利益。当员工的基本生活得不到保障，就没有安全感，而只有"安定"之后，企业和员工才容易放开手脚。

二、企业文化的差异

中国和日本的文化都深受儒家文化的影响，但每个国家都有独特国情，在不同"土壤"中生出的企业文化自然有所差异。

（一）关于"待人"

这里的"待人"指企业对待员工。日本企业强调以"人"为中心，突出表现在两方面：一是在人才培养上，以把每位员工培养成有用的人才为目标，为员工设置系统的学习培训、职业生涯规划等，鼓励他们参与企业经营，树立他们的主人翁意识；二是在企业与员工的关系上，本着"一切为员工着想"的理念，要求领导主动与下级融洽关系，对员工在工作上给予帮助，在生活中关心爱护，营造出企业与员工和谐共赢的氛围。

中国企业的人才培养机制尚不完善。一般的企业没有员工系统培训的安排或者规划不合理，员工进入企业之后，处于需要"自学成才"的状态；很多企业不善于发现员工的不同特质，因此很难做到"人尽其才"；加上中国企业的领导大多有一种居高临下的优越感，他们难以做到对员工推心置腹，又要求员工对自己绝对服从，甚至有时与员工之间会形成一种微妙的紧张或敌对关系。

（二）关于集体意识

由于地域和历史原因，日本国民的集体意识都非常强。日本地少物乏，靠个人的力量是很难生存下去的，人们必须团结起来，互帮互助，通过合作来完成艰巨的任务。因此，日本国民的集体意识由来已久。以第二次世界大战后的经济建设为例，日本经济在第二次世界大战后遭受重创，国民为了经济的快速复苏，一切以国家的利益为重，几乎是无条件地为国家奉献自己的力量。这种集体意识在企业中表现为强烈的团队意识。日本企业员工一般把所在的企业称作"自家的公司"，视自身为企业大家庭中的一员，与企业共荣辱，为企业不惜牺牲自己的很多东西。

中国同样有集体意识，但由于民族文化背景的不同，中国企业中的集体意识有着自己的特点。和日本企业员工将个人与集体完全融为一体不同，中国人在集体文化中也强调个性文化。在中国员工心中，每个人都会为自己规划自身发展的"小算盘"，时时计算着如何拨动才能兼顾集体和个人，若两者相冲突时往往以后者为重，所以中国员工所谓的集体意识往往口不对心。一旦集体主义抑制或阻碍个人的发展，或者将自身个性全部掩盖时，员工很难真正为了集体而做出牺牲、放弃个性。

（三）关于"利"与"义"的关系

在"利"与"义"的关系上，人们的争论从古至今从未停止。儒家十分重视"义利之辨"，主张"君子喻于义，小人喻于利"。日本对此也有继承，日本"实业之父"涩泽荣一他的著作《论语与算盘》中指出："道德和经济本来就是并行不悖的。"在日本企业家的眼中，利与义是可以做到统一的。首先，求利是正当的、必要的；其次，求利只是一种手段，它的最终目标仍是国家的兴旺和民众的幸福。

而在中国，自古以来倡导的是"重义轻利"。在企业经营中，往往过分夸大了"义"的重要，而忽视了"利"。例如，改革开放以前，计划经济体制下，员工激励只注重精神激励，少有物质激励，难以有效调动员工的积极性。近些年来，西方物质利益的观念大肆袭来，凶猛地激发了中国人对财富的欲望，人们放下了"清高"的姿态，却从一个极端走向了另一个极端——开始向拜金主义靠拢。

三、员工素质的差异

谈到日本企业的特点时，终身雇佣制、年功序列制会在第一时间进入我们的头脑中。虽然现在日本企业中实行终身雇佣制的已经不多，但大多数普通员工仍要为一个企业工作十几年甚至几十年再换工作，企业也乐意不断地培养员工进步。

在我国，几年甚至几个月换一次工作的大有人在，人们也并不会感到奇怪；而在日本，这样的跳槽频率属于"过于频繁"级别，这样的人会被视为对企业忠诚度低，再找到工作十分困难。在丰田的生产现场，一名普通员工要想成为班长，一般要工作 10 年以上。培养周期长，因此日本企业里的员工大多职业素养和专业技能都较高。而在我国企业，新员工几个月就可以升为班长。为了升职博取高薪，员工极力表现自己，往往会缺乏脚踏实地的精神，造成基础不扎实。

另外，每个企业的业务模式和经营方式都不一样，员工真正要做到对业务全方面了如指掌，的确需要一个比较漫长的过程。在阿米巴经营模式下，员工才有可能透过经营会计真正看清企业存在的问题，因为经营会计也是个性化的，每个企业的业务特点不一样，数据背后的内涵和对应思考也不相同。

阿米巴经营的目的是将每一位员工培养成真正的经营者。在我国企业中，基层员工在短时间内掌握一系列会计管理核算方法，并与工作实际完整结合，还是很有难度的。日本自明治维新以来，对于国民的教育就非常重视，在 20 世纪初期义务教育普及率就高达 95%，到 1936 年日本乡村已经完成小学 100% 义务教育，至少员工看懂单位时间核算表没有问题。而中国直到改革开放，义务教育才开始普及，这一点造成企业员工素质上具有根本性差异，随着"80 后"、"90 后"员工的加入，中国企业在全面素质提升方面才真正有了巨大进步。

中国和日本的企业在很多方面都存在差异，所以如果我们试图将阿米巴经营在日本企业的具体做法生搬硬套在自己的企业中，必然"水土不服"；如果试图以损害员工利益与前途为代价，强行"削足"以"适履"，或对员工拔苗助长，则会动摇企业根基。

那么，阿米巴经营难道无法在中国落地？当然不是。阿米巴经营背后的经营原理·原则是不分国界的，只是具体的方法需要因地制宜。中国所有的企业都可以实施阿米巴经营，只不过在经营原则、具体方法和工具系统、制度的拟定上需要根据各自属性及市场、业务特点来应变。因此，首先思考经营的原理·原则，再进行战略、战术、战斗层面的不懈工作，以不变应万变，才是我国企业在推行阿米巴经营时应有的正确态度。

第二节　饿着肚子谈"哲学共有"

M公司连续两年亏损，员工散漫懈怠，管理层反复研究解决方案，都没有成效，最终决定引入"阿米巴经营"。

管理层了解到哲学是阿米巴经营的基础，因此决定从贯彻经营哲学开始，试图让员工们先从认识上提升，达到"哲学共有"。一时间，稻盛哲学和阿米巴经营的相关书籍、资料人手一份。每天下班前后的一个小时，安排成"经营哲学讲座"学习分享时间。每天晨会，成了经营哲学的"考试"时间，对前一天大家的学习掌握情况进行考核。

稻盛哲学的根基源自中国传统文化，的确非常符合中国员工的口味。

起初，员工的积极性很高，每次学习过后，还会做交流与分享，并进行热烈的讨论，有人甚至把书中的重点理论倒背如流。半年过去了，每天的学习活动还在继续进行着，可是公司的效益并没有上来，公司仍然在困境中挣扎。这与稻盛哲学里面讲的"员工物质和精神双丰收"似乎不是一码事，每天的学习转变成沉重的负担。员工开始抱怨不断："饭都吃不上了，天天学这些东西有什么用！"

公司领导困惑不已，明明大家每天都说已经理解了"敬天爱人"、"利他之心"，每天都在分享自己所做的努力，为什么企业状况还是如此窘迫呢？

这个案例向我们呈现了阿米巴经营的误区之一——饿着肚子谈"哲学共有"。饿着肚子，即企业无法满足员工的物质需求，如工资水平比同行业低，员工觉得自己的投入与回报不成比例等。

造成这种情况的原因是多方面的，可能是经营者的吝啬，可能是企业确实效益不佳，但结果只有一个：员工不满。毕竟员工为企业工作不是义务劳动，理所应当获取应得的薪酬。哲学，是抽象的理念，属于精神层面。哲学共有，是将抽象的理念让人们理解、认同，进而运用到工作中去，让思想真正影响行为。饿着肚子谈"哲学共有"，就是在员工物质生活得不到改善的情况下，一味地从精神上灌输哲学理论。

一、哲学贯彻以物质提升为基础才持久

那么，物质和精神到底是怎样的关系呢？当我们把物质看做金钱、生活资料时，物质与精神是相辅相成的。物质生活是精神生活的铺垫，精神生活是物质生活的升华，没有人可以把这两种生活分离开来。任何一个伟大的哲学家也不可能只拥有完全的精神生活或是单纯的物质生活。没有精神的支持，物质生活就是枯燥的；没有物质的支持，精神生活也没有存在的基础。所以，好的企业中，精神与物质都是丰富的。

现在，我们就能找出案例中的主要矛盾了，员工迫切想要提高物质水平，而M公司的"哲学共有"过程无法让员工在短时间内看到成效。

无法指导企业实践的经营理论是没有用的理论，同样，不能够落地的经营理念也是没有用的经营理念。只谈理论不去实践，再有用的哲学思想也只能成为挂在墙上的装饰品，无法为企业成长提供应有的推动力。

只有理念在经营活动中得到运用并且真正产生业绩成果了，员工才会逐步相信"原来哲学真这么管用，老总的话没错"。这样一来，在哲学学习和实践运用

中产生正向作用的循环提升，相互促进。而纯粹学习哲学很容易走入误区，开始员工会觉得新鲜，时间一久，大家就疲倦了，也不相信了。

M公司在组织学习的过程中，空谈理论，每天只组织学习哲学、分享哲学甚至要求员工背诵，违背了"精神与物质"相互作用的基本哲学原理。M公司本来就已经处于亏损状态，其员工学习"稻盛哲学"半年之后业绩仍无任何起色，员工感受不到学习哲学到底能带给他们什么实质性的好处。仓廪实而知礼节，衣食足而知荣辱。当员工连正常生活都无法维持时，自然没有耐性再听一些看不见、摸不着的哲学理论。物质与精神的天平严重失衡，"哲学共有"的成功概率必然不高。

二、空洞的理念对企业经营毫无价值

稻盛和夫创办的企业在日本不是最大、最赚钱的，员工的工资水平在日本也并不是最高的，但他的员工仍然为企业全心全意的服务。其实物质上的满足并非经济利益的最大化，而是让员工能够感受到自己的努力是有回报的。正是因为始终怀着"利他之心"去努力工作，才使自己获得生活的富足。而生活富足会更坚定员工对企业经营理念的信任，深信不疑"这样做人、这样工作"是对的，并继续为企业创造更多价值。循环往复，形成良性发展。这也就是稻盛和夫一直所追求的"让全体员工获得物质和精神双方面的幸福"。

哲学不是"谈"出来的。我们经常看到这样的现象，一些企业想要形成自己的企业文化，领导们聚在一起一商量，弄出一个理念，比如"自由、平等、博爱"，但是理念提出之后企业情况一切照旧：员工并不自由，层级观念依然很鲜明，同事之间钩心斗角。这个时候的"自由、平等、博爱"仅仅成了一句口号，毫无实际意义。只有当企业采取具体措施改善这种状况，让员工真正感受到"自由、平等、博爱"的企业氛围，员工才会变被动为主动，由被动地执行任务，到主动地思考企业文化的意义并探究完善的方法。同理，当员工通过贯彻经营哲学后看到成果，看到企业的改变，看到高层的改变，看到自己也能够从中得到物质和精神的收获之后，才会自愿把这些理念植入自己的价值观，并体现在日常点点滴滴的行动中。

综上所述，只有在满足员工物质生活的前提下，才有基础谈"哲学共有"；只有将经营哲学真正贯彻到生产生活中，让员工看到它的正向作用，才能让员工信服；只有将哲学的空谈变为实际举措，才能使员工从被动到主动。物质和精神都要丰富，空谈哲学必定不能长久！

第三节　手下"阿米巴"，老板"米阿巴"

A 老板和 B 老板都对阿米巴经营模式很感兴趣，成为阿米巴经营落地的培训班同期学员。培训结束后都开始在各自企业里施行阿米巴经营，每隔一段时间，两人便会做经验交流，以下是他们在阿米巴经营实施后的两周、两个月、半年之后的对话。

两周后

A：这阿米巴经营模式开展起来还真不容易，听助理说，员工对阿米巴经营的学习兴致不太高，对阿米巴组织的划分也不太适应，你们公司怎么样？

B：我这边还可以，上次学完回去之后，我就亲自对管理层做了培训，基层员工的学习计划本月底开始，我也争取每次都到场。一开始大家也觉得哲学太抽象，但当我结合自己的经历给大家讲解的时候，员工不但学习热情提了上来，对我个人也更加尊敬。我告诉我的下属都必须以身作则，不能让底下员工觉得领导搞特殊，现在我公司员工与领导的关系明显拉近了不少。

A：你们公司的员工素质就是好，我的员工就不行了，昨天还听见他们在背后议论我呢，说我不是阿米巴，应该叫米阿巴，戴着圣人的帽子不干圣人的事。完全不理解我有多忙！

B：哈哈，米阿巴，说得真有意思，老兄你得努力啊，要不就算以后你把手下员工都培养成了阿米巴，你还是没法形成个人威慑力啊，你还是赶紧想想办法吧。

A：嗯，我是得想想辙了，多谢指点啊。

两个月后

A：你怎么出来旅游还在看报表啊？太操心了吧！尽管让"巴长"大展拳脚，咱们坐享其成不就行了！

B：各个阿米巴单元的经营会计报表是我们决策的重要依据，怎么可以不看呢，把事情全都丢给现场，你这领导也太会偷懒了吧。

A：阿米巴"巴长"们都那么优秀了，有什么不放心的。

半年后

A：真是气死我了，竟然有好几个"巴长"要跳槽，一些优秀员工也闹着要跟自己的"巴长"一起走，弄得公司里人心惶惶。我把权力都交给了他们，现在翅膀硬了倒反过来威胁我，简直就是养虎为患！

B：早就奉劝过你，要在全体员工中树立自己的威信，让全体员工对你信服；时刻关注各个阿米巴单元的动向，做到心中有数……你是一条都没听进去啊！

A：都怪我自己，对"领导"这个身份一直都没理解，以后坚决不能做米阿巴了！

一、高层在"哲学共有"过程中的重要作用

一些优秀的企业家，自身的阅历丰富，已经形成了自己的独特人格魅力。无形之中，他们的一言一行都是对经营哲学及理念的现身说法。下属及员工本来就对其有崇敬与信服之心，此时，对领导所要贯彻的理念接受起来是比较容易的。就像稻盛和夫先生在接手濒临破产的日航时一样，员工对稻盛先生的敬仰与信任，一定程度上加快了"哲学共有"的进程。表面上，稻盛先生刚到日航的一年里没有正式开展阿米巴经营，但实际上，稻盛先生的一言一行，在潜移默化中已

经为"哲学共有"开了一个好头。这就是领导者个人魅力的神奇力量。

但是我们都知道，没有任何一个优秀的经营者是一朝培养成的，稻盛和夫也是一步一步成长起来的。稻盛先生曾经也不具备这样的人格魅力，在遭遇京瓷公司10名高中生集体辞职事件的巨大打击后，才开始思考经营的根本，并在实践中不断总结和完善自身的经营哲学思想，以此摸索和创造了著名的阿米巴经营模式。

前人修路后人行，在员工对我们将信将疑的时候，我们也要坚定信念坦然面对。阿米巴经营实践过程中的经营哲学是分层贯彻的，遵循"涟漪原理"（见图5-1）。所谓"涟漪原理"，即首先从高层统一思想和基本经营原则，其次由高层向中层传播，最后再到基层，而不是一下子就铺开一大片。

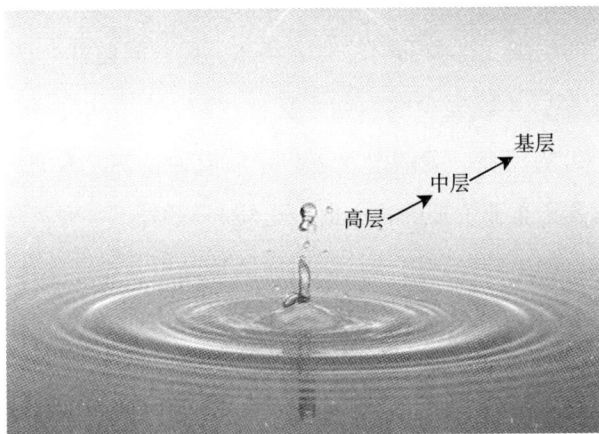

图 5-1 "涟漪原理"

员工习惯于以领导为标杆，如果他们看不到上级的示范，不但自己的行动迷茫，而且会对领导产生不信任。当员工会认为这不过是发号施令，领导怎么说就怎么执行，不会在内心激起任何波澜时，这样就会影响"哲学共有"的进程。案例中，A老板从助理那里得来员工兴致不高的信息，可见他并没有亲自主持或参加经营哲学的学习，没有深入基层；而B老板首先从中高层开始，再逐步扩散到基层，每一步都下足了工夫。

"哲学共有"是一个循序渐进的过程，员工思想也不是一瞬间就能统一的，但起码应该在初期让员工看到高层坚持改变的决心与真诚的态度。

二、阿米巴全员参与时代的"一把手工程"

在企业中划分阿米巴组织之后，每个阿米巴小组独立核算，各个"巴长"可以自主决策。高层领导仿佛闲了下来，难道这就意味着经营者可以退居二线了么？实际上，经营者依然要统领全局，把握企业经营的大方向。把组织进行划分，建立了阿米巴小组之后并不代表大功告成。阿米巴经营的特点是对于市场环境、技术动向、竞争对手等的不断变化，能够灵活调整并达到最佳状态。企业经营者必须时刻检查本公司的方针和现在的组织是否适应现在企业所处的环境。

不管走到哪里，稻盛和夫都时不时地查看每个部门的《经营会计报表》。透过销售额和费用的明细，每个部门的实际状态、经营问题就会自然浮现。这说明领导必须身先士卒，不能完全放权给现场。经营者作为本企业经营理念的创始人，是企业向心力的核心。案例中 A 老板最后成为企业经营的"局外人"，正是因为他将自身放逐于企业管理的核心地带之外。

作为领导者，如果懈怠散漫，只会造成两种结果：企业整体实力的下滑和优秀员工的离开。阿米巴经营模式开启了全员参与的新时代，但同时也尤其强调"一把手工程"（见图 5-2）。企业领导人必须按照"以身作则、言行一致、表里如一"要求自己，所谓"什么样的将军带出什么样的士兵"，只有领导者从自己做起，员工才会看到并且相信。因此，日本企业成功的另一个秘密就在于企业领导人强调并实施现场的文化。不管有多忙，企业的领导人都会经常和一线员工接触，给予全员更多的鼓励，提升士气。

图 5-2 "一把手工程"

综上所述，手下"阿米巴"、领导"米阿巴"是企业领导者对阿米巴经营的一大误区：打着"阿米巴"的大旗，却不遵循阿米巴"哲学共有"的"涟漪原理"；身为企业最大阿米巴的"巴长"，却做不到时刻关注各阿米巴单元的动态，对全局也没有掌控；在阿米巴经营贯彻执行的每一个环节，没有做到身先士卒。一个不具备领导力、执行力、全局观念的领导者，就算企业偶然获取了一些成绩，也不可能带领企业迈向持续的成功。

第四节　财务做阿米巴，我们是销售

小李是 C 公司销售部的主管，最近他有一件事始终想不通。公司刚刚引入了阿米巴经营，对于这个经营系统的哲学理念，小李是十分认可的。但进入具体操作阶段，公司要求全体员工开始使用经营会计和内部交易会计。在小李的印象中，会计是种太复杂的工具，是财务人员才会用到的。他作为销售人员，现在却要做会计报表，对此，他并不赞成。他认为反正自己负责的是销售，只要把销售额提上去，不做会计报表也没有什么大不了。

"财务总会把数据整理好的，销售就该有销售的样子！"小李这样对自己说。打定主意后，小李依旧专注于自己的销售业务，对经营会计报表也是敷衍了事。

在 C 公司，像小李这样的人不在少数，而且不只出现在销售部门，生产部门、研发部门的员工对公司的这项新核算体制都容易抱有排斥心理。各部门之间好像形成心照不宣的默契，即会计报表上的数据不过是为了应付领导的检查，自己其实并没有太大的变化。大家工作状态都没有改变，公司经营状况也始终没有取得突破。

传统经营体制下，公司的销售部门能够意识到增加销售的重要性，但对于减少经费支出并不是那么关心；生产、运输等部门对降低费用支出的意识比较强，但对销售额提升却漠不关心；研发一类的部门，"不当家不知道柴米贵"，对增加销售额和降低费用的概念更是模糊。所以，在员工刚刚接触阿米巴经营的时候，对经营会计的不适应在所难免。但是，如果一直都无法将经营会计推广，仍然只有财务在做这件事情，那么阿米巴经营对企业就没有实际意义。

其实，引入一种新的体制时，最重要的是让所有相关人员明确实施的最终目的，朝什么方向前进，具体有什么用途等。因为一旦员工遇到与以往经验不符的做法，却不清楚该做法对自身、对集体的好处时，出于趋利避害的本能，员工自然会对新做法心存疑虑。而坚持沿用相对可靠的老做法，这是人之常情。要想破除员工对阿米巴的"成见"，企业经营者要在以下几方面多下工夫。

一、打破推行的门户之见

经营会计是阿米巴经营的落地工具，而不明就里的人只要听到"会计"两个字，就会直接把它归到财务部门的范畴。不在其位，不谋其政，财务以外的部门对经营会计敷衍了事甚至不闻不问，表面看来合情合理，其实却是一种偏见。

（一）局部绩效最优并不等于企业整体最优

在以往的观念中，财务部门的职责是做账，销售人员的职责是提高销售额，制造部门的职责是以最快的速度生产出质量最好的产品……其他部门的事与自己无关，这是明显的门户之见。

这种思维方式是导致"大企业病"产生的根源：各部门缺少配合，企业凝聚力低下；信息不透明，资源不能共享；凡事都以自己部门的利益为先，较少顾及整体利益。大家都有这样一个错误认识：只要做好分内的工作，让自己的部门KPI达到最优就足够了。

而现实是，部门绩效、局部绩效最优并不等于企业整体最优。这样的例子很多，比如，采购部门以最少的钱买到原料，表面上为公司节约了成本，但这些原料质量却不过关，直接导致制造部门生产出的产品质量不过关；制造部门努力提高劳动生产率，在短时间内产量大幅提高，殊不知市场对该产品已经需求萎靡，直接加重了销售部门的销售压力；销售部门为了把产品卖出去，有时会夸大产品的功能，这样又会加重研发部门的研发压力。所以，各个部门如果一味地追求自己部门的最优，其实对企业整体反而是一种伤害。

（二）正确决策来源于严谨的数据

阿米巴经营运用的经营会计与传统的财务会计有着本质的区别（本书第三章有详细论述），它的应用范围是整个企业。

单位时间核算制度作为经营会计的具体化工具之一，通过单位时间核算表呈现出各部门的收支状况，并计算出单位时间附加值。单位时间核算表上的数据往往是最直观的，直接影响各个阿米巴单元的决策。因此，这些数据必须是真实且严谨的，否则没有任何价值。

例如，制造部门通过单位时间核算表看出某产品的成本过高，应及时将信息传达给采购部门和销售部门——采购部门重新检查采购渠道，尽量降低原料成本；销售部门则应适当提高产品定价。同理，如果销售部门通过核算表发现某种产品已经没有销路，应及时反馈给制造部门。一旦信息反馈不及时，就容易造成产品积压。

试想，如果只有财务部门在做核算表，等到各部门把数据报给财务部门的时候，已经错过了信息发出的第一时间，势必会影响决策的及时性。决策不及时尚可补救，但如果各部门都没有对核算表采取足够的重视，表上的数据只是敷衍了事，甚至是不真实的，那么极有可能造成错误的决策。

二、消除畏难情绪

传统的财务会计专业性极强，非财会专业的人确实很难掌握。在京瓷成立的初期，稻盛和夫也为那些艰涩难懂的会计术语而烦恼过，"因为我缺乏经营和会计知识，所以想尽量使经营通俗易懂，而不是复杂化。"基于这样的思考，他终于发现了"只要实现销售额的最大化和经费开支的最小化，那么两者之差的利润就能最大化"。大道至简，真正有效的方法往往都是简洁明了的，普通人也一样可以掌握。"销售额最大化、经费最小化"作为阿米巴经营原则被沿用至今，同时它也是单位时间核算制的基础。

阿米巴经营会计并不难，只要始终遵循"销售额最大化、经费最小化"的原则，努力在增加销售额的同时尽最大的努力压缩经费开支，最后得到的单位时间附加值就越接近最大。而只有通过单位时间核算表，才能让各部门乃至每个员工清楚地了解如何提高销售额、应该在哪里及怎样发生的经费开支。单位时间核算制是"销售额最大化、经费最小化"这一经营原则的落地工具，同时又为其提供数据支持，它原理简单、易于操作，而所起的作用也很大。作为经营者，要清楚明白地向员工讲解，消除员工的畏难情绪。

三、灌输经营者意识

稻盛和夫在企业越做越大、苦于分身乏术的时候，《西游记》中孙悟空吹根猴毛就可以变出成千上万个替身的故事给了他很大启发。

于是他将企业划分成了一个个小组织，即阿米巴单元，每个阿米巴单元的"巴长"对自己的组织负责。阿米巴"巴长"被委以经营权，会产生"自己也是经营者一员"的意识。于是便会萌生出经营者的责任感，促使他努力去提高业绩。从"被动执行"的立场转变为"主动思考和行动"的立场，这是拥有经营者意识的开始。

如何把"销售额最大化、经费最小化"这一经营原则贯彻到每个阿米巴单元？有效的方法就是采取独立核算，通过业绩分析与评价会培养员工的经营意识和经营能力，这就必须学会运用经营会计，能够看懂单位时间核算表，并依据正确的数据制定经营策略。一个不懂经营会计的阿米巴"巴长"，不具备经营者的最基本条件。

每个阿米巴"巴长"都是一个经营者，阿米巴单元的每一名成员也都是经营者。作为经营者就必须掌握阿米巴会计相关知识和分析方法，尽自己所能为企业经营贡献力量。经营者意识的培养有助于加快基层员工对经营会计的接受，同时对经营会计的熟练运用也能迅速促进员工经营意识的提升。

阿米巴经营的实现靠每个部门、每位员工的共同参与。阿米巴经营的会计体系并不是无法驾驭的，它简单实用，是实现阿米巴经营的重要支柱之一。如果我们在推行阿米巴经营的过程中无视经营会计的重要性，甚至抵制使用，那么阿米巴经营就失去了落地工具，也就无法达到推行阿米巴经营的初衷，对企业有害无益。所以，企业经营者要善于思考，从经营问题的本质出发，让全体员工消除对阿米巴单元核算与经营会计使用的"成见"。

第五节　阿米巴并非"联产承包"

一位秘书的阿米巴推行日记。

6月23日　天气　雷阵雨

今天是端午佳节，本该休息。但总经理都在加班，秘书哪有在家过节的理由。项目1部和项目2部的主管已经在总经理室争执了一个上午——为了争取成为下季度公司的投资重点。

两个主管都觉得自己的项目更重要、更符合市场，僵持不下。总经理也被他们两个部门折磨得无可奈何，不忍心打击任何一个部门的积极性，可是公司下季度的预算有限，必须从中做出取舍。在之前的会议上公布了其中一个部门"中标"后，另外一个部门立刻表示不服，两个部门的员工整日针锋相对，甚至导致公司里的"门派对立"。

6月25日　天气　阴

估计三亚今天是艳阳高照吧，可是北京确实是个大阴天，空气憋得让人透不过气来，不知道是不是因为暴风雨要来了。

我已经动员了所有关系去找项目3部的张主管，可还是一点消息也没有，项目3部上个月的业绩不错，主管拿完奖金就去三亚度假了。公司突然需要一个客户的信息，而这个客户曾经和张主管接触得最多。于是我到项目3部去拿这个客户的资料，谁知项目3部的人说，他们都不知道相关的确切信息。这个老张还真是全心全意去放松了，手机居然处于关机状态，完全联系不到人，这可怎么办？

6月30日　天气　晴

月底了，有人欢喜有人忧。业绩好的兴高采烈，业绩不好的垂头丧气，没人关心整个公司这个月是亏还是盈。我突然想起了农村老家实行的联产承包责任制,阿米巴啊,阿米巴,你到底给我们这个曾经团结一致、其乐融融的公司带来了什么?

总经理秘书在最后一篇日记里,说了这样一句话:"我突然想起了农村老家实行的联产承包责任制。"联产承包这个概念,也许有的人不太了解。联产承包,全称家庭联产承包责任制,改革开放初期在农村实行的土地包产到户政策,在当时的社会环境下极大地提升了农民的积极性。联产承包已经实行二十多年之后,我们突然发现,美国的农场式经营能获得更高的收益,联产承包相比于大型农场,一个粗放一个集约,落后性日渐明显。

案例中是什么让秘书想起了联产承包?是月底各部门的几家欢喜几家愁,是关机度假的项目 3 部领导,还是项目 1 部与项目 2 部之间无休止的争执……而一切的一切,都发生在这个实行了阿米巴经营的公司里。

阿米巴经营与联产承包有着本质的区别。

如果把阿米巴做成了联产承包,那就会出现案例中的情况:阿米巴小组各自为战,企业内由于利益纷争而关系紧张,员工为业绩、薪酬的浮动而终日惶恐……在阿米巴经营的实施中,很多企业都存在将阿米巴经营当作"联产承包"来使用的误区。

下面我们就来探究一下,究竟我们忽略了哪些重要的环节。

一、阿米巴的"自由"是有条件的

阿米巴经营模式将企业划分成一个个小的"阿米巴单元",每个阿米巴都有自己的经营会计,对成果进行独立核算、自主经营。每个阿米巴单元的领导者(即"巴长")必须以一个经营者的姿态,带领整个团队实现"销售额最大化、经费最小化"。

实施阿米巴经营之后,实际上是一个量化分权的过程,企业的权力不再集中在老板一个人或是高层的几个人手里,而是分给了每个阿米巴"巴长",甚至是分给了每位员工。于是，一些企业错误地认为，阿米巴"巴长"对自己小组的经营目标与方向有着全部的决定权。不可否认，阿米巴经营与联产承包有不少相似之处，例如，划分自主经营体、下放一定权力让阿米巴单元获得了空前的自由等。但任何自由都不可能是绝对的自由，都有存在的前提条件。

阿米巴组织高自由度的前提是阿米巴小组的任何决策都要与企业的经营理念、经营方针相一致。如果阿米巴小组的决策是与整个企业大方向相悖的，那么它已经不具备作为一个阿米巴小组的条件了。试想，如果一个企业被划分为几百个各自为政的组织，那岂不成了一帮商人在一起做生意，又如何能确保企业朝统一的方向前进？当每个阿米巴小组在获得权力之后，各阿米巴小组的"巴长"为了本部门成员的利益而改变核算，为了创造尽可能多的利润，肯定容易出现利己主义的倾向。为了追求自身阿米巴的最大利润，而无视他人的利益，那么公司内部的人际关系就会变得僵硬、紧张。

阿米巴经营的本质告诉我们，"分"是手段，是表象，"合"才是经营的目的。

企业的经营就和人的经营是一样的。一个企业如果完全机械化地去看待，它是没有生命的、没有人格的。如果把企业的经营比作人体的话，那么就要让人体的各个部件、各个细胞进行充分的协调，高度的统一，其首要条件是共用一个大脑。这个大脑就是我们所讲的企业的经营理念，它是基础，而各个细胞就相当于各个阿米巴小组。

要实现各个阿米巴小组高度的协调统一，其根本就是要抓住人心。不先"齐心"怎能脑筋往一处想，又谈何"协力"？案例中秘书的表述让我们感觉到，在该公司里，人与人之间的联系只剩下了利益纷争，"利他之心"荡然无存。阿米巴小组的自由成了无条件、无原则的自由。划分后的阿米巴小组很难形成合力，完全背离了阿米巴经营"分权"是为了更好"集权"的最终目的。

二、经营会计不是用来"发工资"的

在稻盛和夫的企业中，阿米巴经营使用的经营会计报表，其内容仅作为经营策略制定的参考依据，而不是决定各阿米巴单元薪资与赏罚的标准。

但是由于近几年中国受到西方管理学的影响，业绩决定收入是时下很多企业所奉行的。恰巧，会计核算表中很明确地列出了每位员工的单位附加值，也就是单位时间内创造的业绩，能够将所有员工的业绩更为清晰、精准地呈现，于是企业就将绩效评价、薪酬与经营会计直接挂钩。名义上在发挥阿米巴经营会计的作用，而实际上却一头扎进了成果主义的队伍。

为什么阿米巴经营不提倡绩效主义？

稻盛先生曾这样说："欧美国家都实行绩效主义，按绩效分配工资奖金。比如，保险行业推销保险业务，业绩高报酬也高，就是所谓计件制。这种做法确实很有刺激性，努力的人会更努力，业绩越好收入越高。但有的人也很努力，业绩却不佳，他们工资低，就会心怀不满。这种'绩效主义'在整体效益上升时也许有作用，但一旦销售额下降，不管怎样努力业绩也无法提升时，此前拿高工资的人收入也会大幅下降，这时如果连他们也成为不满分子，整个公司气氛就会变坏。因此我不采取这种方针。在阿米巴里，用每个人每小时创造的'附加价值'来表达绩效，某个阿米巴'单位时间'创造的效益高，对企业的贡献大，那么全公司的人都会向他们表示赞赏，都会尊敬他们，感谢他们。但只限于名誉上的褒奖，而不用金钱来刺激。考虑到整个企业的情况，效益好时我会给全体人员增加收入，让大家都高兴。这种薪酬制度能促使员工互帮互助，同甘共苦。"

人心是很不可思议的，在公司业绩好的时候人们认为收入不断提升是正常的，那么当公司经营业绩不佳的时候收入降低应该理所当然，但是事实上很少有人会这么想。

2012 年，美的集团的大裁员事件，也是由于前些年遵循的成果主义造成的后遗症，难怪索尼前常务董事天外伺朗在书中也写道："绩效主义毁了索尼。绩效主义像企业脓包，它摧毁了索尼引以为傲的激情团队。绩效主义看似公平，但缺少内涵。它只靠利益刺激，未结成精神共同体，最终将走向平庸。无论何种企业，只要实行员工收入与业绩完全挂钩，扎实工作就容易被忽视，破坏员工对企业的信任。"

在稻盛和夫创办的京瓷公司，阿米巴经营模式下并没有将业绩直接与员工薪酬挂钩，而是更多地给予精神奖励。对此，稻盛和夫有着自己的独到理解。

他这样说道："我们周围充满着贪财图利的人，只有自己要克制和远离欲望，这样的话，自己能否生存下去？这的确非常困难。虽然困难，但我认为，我们不能降低自己的层次，去与那些利欲熏心的人为伍。降低境界，或许一时能过得好一些，但是我觉得我们应该与他们划开界限，我们要坚持'敬天爱人'的思想，为社会、为员工尽力。这里有一点极其重要，与那些一心追逐金钱的人相比，我远比他们更勤奋、更刻苦、更拼命。只要比他们更努力，我想我们就能生存下去，而且我过去一直就是这么做的。刚才谈论过'绩效主义'，当今资本主义社会盛行绩效主义，大家都追求金钱，只要努力就能赚钱。但是因此，会赚钱的人和不会赚钱的人之间的差距越来越大，贫富悬殊越来越严重。我不愿意这样做，我对企业里的每一个人都一视同仁。有人会在自己的公司里简单地把人分出优劣，但是我强调团队精神。我珍惜认真工作的每一位员工。只要我们大家团结一致、拼命努力，我想我们绝不会输给那些唯利是图的团队。"

按照这种做法，稻盛和夫在日本取得了成功。那么，中国企业面对"绩效主义"，应该如何做呢？值得每个企业去思考。

总而言之，阿米巴经营绝对不是联产承包。

第六节　阿米巴在哪儿呢？听说在二车间

王总平时是个很谨慎的人。他决定将阿米巴经营模式用在自己的企业中，虽经过反复考虑，可是他还是担心有风险。斟酌再三，他想到了一个折中的办法：先拿一个部门推行阿米巴经营做试点，这样一来可以为下一步推广积累一些宝贵经验；二来一旦试点失败，不会对整个企业造成太大的创伤。

王总最终决定将制造部第二车间作为试点，严格按照流程贯彻阿米巴经营的每一个步骤。经过半年的努力，二车间取得了比较明显的效果，制造成本比核算前降低了近10%，企业上下纷纷到该部门观摩学习。王总觉得时机到了，立刻将阿米巴经营在整个企业全面展开。

可是，整个推进过程却没有像试点时那么顺利，在推进中遇到了各种各样的问题。员工很纳闷，试点没有遇到这样的困难啊，怎么轮到自己就不一样了？王总也很疑惑。阿米巴经营从试点到整个企业，怎么差别就那么大呢？

什么是试点，相信很多人都不陌生。在我们的工作生活中存在着各种各样的试点，中小学换新教材，会先选择一个学校或一个班级作为试点；国家颁布新政策，会先选择一个省市或区域作为试点；政府搞新农村建设，会先选择某个村镇作为试点等。试点，就是在正式进行某项工作之前，先做实验，以取得经验。

而试点有助于我们发现问题，及时找出问题的症结所在，并找到解决问题的办法。所以，试点是很多企业启动新项目前的必经之路。上文中，王总采取了一个"折中的办法"，即在企业内先造一个阿米巴的试点（我们暂且把它叫做试点阿米巴）。表面看起来没什么不对，但问题的关键就在于，这样的试点，是否模拟出了接近最真实、全面的阿米巴经营？

一、试点阿米巴单元难以模拟企业大环境

一个成功的试点，其试点环境往往是与整体环境情况最相似的。试点环境与整体环境相似度的高低，直接影响着试点能否成功。下面我们从阿米巴贯彻的流程入手，看看试点阿米巴的小环境能否达到与企业整体大环境的高度统一。

（一）首先，试点阿米巴的人员覆盖面小，因而不能完全反映阿米巴全面推行时的困难

阿米巴经营是全员共同参与式的经营模式，其经营哲学需要整个企业的每一个人的认同，而试点部门最多不过几十人，可能是一个销售小团队，也可能是一个制造车间，又或者是其他部门中的某个组织。统一几十人的理念和统一整个企

业的理念，其难度系数和可能遇到的困难肯定不会一样。所以，可能在试点阿米巴单位进展顺利的哲学统一，一旦到了全面展开时难免波折重重。

（二）其次，试点阿米巴如早产儿一样羸弱，不能反映健康的阿米巴单元能取得的运行效果

正常情况下，我们需要把企业划分成一个个小的组织，也就是阿米巴单元，再根据企业实际情况赋权给每个阿米巴单元。而当企业采用试点推行的途径，很可能省略划分阿米巴单元的过程，"胡乱一指"，一个试点就诞生了。

试点阿米巴与真正意义上的阿米巴截然不同，它不是企业对阿米巴组织划分、优化、重组的产物，因而就像温室中的花朵一般经不起外部市场的检验；它始终是孤立、理想化地存在于企业中，对外界变化敏感度低，也不具有灵活可变的特征；由于原始试点的划分过于粗放，试点往往只在单一职能的某个部门里试行，正因为如此，意味着该试点无法完成阿米巴单元本该具有的完整功能。

（三）再次，试点阿米巴缺乏与之互动、互相促进的相应组织，无法实现阿米巴经营所要求的各部门资源优势互补

经过一段时间的经营工作，阿米巴单元的"巴长"根据经营会计报表做出决策后，将资源重新分配，这时往往需要其他阿米巴的配合。但既然只有一个阿米巴试点，不存在其他阿米巴单元与其进行内部交易式的合作，那么资源重新分配后产生的成效何从算起？这样谈阿米巴的循环完善是不现实的。

或许有人会问，那么如果谨慎安排阿米巴试点的人才结构，使其具有完整的职能，问题不就迎刃而解？如果试点能够在真正意义上成为企业整体的缩小版模型，那么结论还是有一定科学性的。可是这样一来，阿米巴经营所要求的各部门相互配合、资源优势互补就无法实现。

与此同时，引入内部交易会计有利于打造外部竞争优势。内部交易涉及企业内从生产到销售的各个环节，每个不同职能的部门都将参与其中。而在试点过程中，仅靠试点阿米巴本身无法传导或感受市场竞争压力，也就无法运用市场竞争机制，所以这样的试点不是最逼真的阿米巴场景。

总之，通过再现阿米巴贯彻的流程，我们可以看到，试点阿米巴无法满足整个企业阿米巴的大部分条件，它所模拟的环境和真正的企业大环境有很大差距，试点的经验借鉴意义并不大。

下面再来看，试点阿米巴在其他方面能否给出有效的经验。

二、工具的使用方法无法通过"观摩"掌握

阿米巴经营模式的本质是"量化分权"的系统经营体制。要想实现"量化分权"，首先必须拥有一套简单的"系统量化工具"，这套工具在日本称为"经营会计"（京瓷称之为"京瓷会计学"），所以"经营会计"是阿米巴经营模式落地的必备工具。

联系我们的日常生活，大家都会有这样的感受：简单的工具，我们可以通过观看他人操作来学会使用方法；但复杂的工具，我们无法仅仅靠眼睛去获得使用技巧，如果不试用，就永远不得要领。

以学车为例，看教练示范的时候，我们自以为看得很清楚，学得也很明白，可是一轮到自己，由于生疏、紧张等，总会遇到这样那样的阻碍。同理，经营会计的使用方法必须在实践中才能掌握，在不断摸索中才能精进，而且经营会计必须先做出企业整体分析，而后的局部分析才有效用，否则只顾从点上改变，就可能把本应战略强化的地方反而弱化了。

在试点模式中，除了试点阿米巴的员工，其他人没有"亲自上阵"的机会，只能通过"观摩"来学习经营会计。此时，试点阿米巴对于经营会计的操作方法，相对其他部门来说是一个向导。但是，请别忽视这样一种可能：如果这个向导导错路怎么办？使用工具最终的目标是为己所用，而不是被工具所拖累。如果忽视自身部门的性质、特点，单纯跟着试点走，就很容易走弯路。

综合方方面面来看，试点的出发点是好的。但在模拟企业环境上，试点阿米巴无法满足阿米巴经营过程中的诸多条件，因而这样的环境是失真的；在量化工具的使用上，对实践性极强的经营会计，仅靠试点中简单的"观摩"是不能掌握其中精髓的。

因此，在企业中选试点来推行阿米巴，既浪费时间、精力，又不能取得很好的效果。同时，我们要注意的就是"拿一个车间试点阿米巴经营已经违反了阿米巴从大到小的诞生逻辑"，即先做好大阿米巴，再做好小阿米巴，循序渐进！如果必须要试点的话，至少也应该选择一个可以独立面对外部市场和内部经营业务的完整事业SBU。

第七节　阿米巴彻底核算，老板到底想干嘛

杨光是一个应届毕业生，积极乐观、朝气蓬勃。可是，去某公司实习两个月后，他却变得萎靡不振，对工作丧失热情。到底是怎样的一家公司，将一个刚刚进入职场的人改变成这样？

在公司里，杨光身边有这样一群同事：他们把工作仅仅当成一种养家糊口的手段，每天机械地忙碌，只为了得到高薪；没人关心公司的发展战略，有时则根本无从知晓；对领导永远不满，在他们眼中，领导总在想方设法地安排加班、克扣工资。

杨光要面对的是这样一群领导：他们永远一副高高在上的姿态，与员工的交流仅限于下达工作命令；他们认为对企业而言，员工只是制造利润的工具；他们一面对公司情况守口如瓶，防范员工甚于防贼，一面暗自抱怨自己如此辛苦，为什么手下却不能理解自己？

在杨光工作的第三个月，领导宣布要在公司内建立"自主经营、人单合一"的阿米巴经营系统。动员大会上，他们保证让一线的每位员工都能成为主角，号召员工把企业当做"自己的公司"，在工作中全力以赴。在寂寞中默默耕耘的杨光很惊喜，认为自己梦想中的工作氛围即将出现。

但这一次过后，杨光彻底失望了。随着时间的推移，领导的目的逐渐暴露，上级缺乏为员工、为企业整体着想的"利他之心"，注重的只是每个员工核算表

上的一个个数据，谁的业绩高，谁的业绩不达标，谁消耗了多少的资源……只要看到这张表，每个员工的情况都一目了然，领导即可决定员工的工资、奖金、罚金，甚至谁应该下岗。

再看杨光的那些同事，已经从麻木不仁转为了愤怒："领导的眼里除了钱还有什么？把我们看得连一条短裤都不剩，但却不想办法真正培养我们！"

"让人短裤都不剩的阿米巴？"杨光无奈地冷笑，决定埋头做好本职工作，小有所成后就马上跳槽。私下里，他对好友断言："阿米巴？在我们企业不可能实现！"

一、"劳资对立"导致阿米巴经营缺乏根基

企业领导与员工的这种尴尬关系由来已久。当西方国家开设第一个资本主义工厂，劳动者与资本家的矛盾就随之产生，我们把它叫做劳资对立。

在当今的中国企业中，劳资对立依然存在，甚至被认为是理所当然的。根深蒂固的错误观念在很大程度上阻碍了企业的发展。当阿米巴经营进入中国企业，部分经营者全然不顾"哲学共有"和理念统一，只想利用它的会计系统把员工绩效看清，进而给出与绩效直接挂钩的薪酬，对员工的思想、生活以及其他需要依旧不予理会。在他们眼中，员工的用途只有一个：制造利润！企业、员工间利用与被利用的关系，昭然若揭。企业的效益可能会暂时增长，却是以企业与员工矛盾的进一步激化为代价，是否值得？

劳资对立使企业与员工无法相互信任，而实现阿米巴经营的首要条件就是企业内部的信任关系。因此，劳资对立与阿米巴经营水火不容，要做好阿米巴非实现互相信任不可！作为经营者，有必要以决心和恒心打破这种对立局面，要相信员工的能力，要让员工感受到企业发展离不开员工。同样，作为员工，要对企业建立义不容辞的责任感，坚信自己的努力和智慧关系到企业、客户甚至自己的长期利益，只有这样才能实现全员参与式的经营。

二、阿米巴经营需要"大家族主义"

我们迫不及待地引入阿米巴经营，却因为无法与员工建立信任而与真正的阿米巴渐行渐远，是因为忽略了一个重要的问题：企业到底该把员工当做什么。工具？资源？还是家人和伙伴？这个问题不解决，阿米巴经营这条路就很容易走偏。

但对如此重要的问题，各企业的回答却莫衷一是。有人把员工当成本，既然是成本，自然是降到越低越好。这样的企业考虑的是，如何在员工身上花最少的钱，获得最大的劳动价值。也有人把员工当资本，这是现在比较流行的一种叫法，从"人力资源部"这个名称的广泛应用就可见一斑。有用的资源要开发利用，而无用的资源就理应被舍弃，这也成了一些企业经常裁员的最佳理由。而最为直接，也是最残酷的说法是，把员工当工具，员工不过是企业用来赚钱的工具而已！短期来看可以促进企业经营，但长期来看给企业带来的是伤害！

企业不把员工当"人"看，员工自然认为企业是剥削者，企业和员工的关系自然就成了本节开头描述的那样，劳资对立就这样形成了。阿米巴经营的创始人——稻盛和夫先生在创业初期也遭遇到了劳资对立的情况，他在著作《阿米巴经营》中写道："第二次世界大战结束后，大多数经营者还残留着战前的体制。经营者不会主动去了解工人的立场，保障工人的生活和权利，只把工人看成是工具。工人只顾伸张自己的权利，丝毫不体谅经营者的烦恼和痛苦。而就在这种劳资对立日益激化的京都，我创办了公司。员工们或许是由于在这片土地上成长的缘故，大多数人认定经营者和工人是敌对的，丝毫不相信经营者……"

稻盛和夫先生经过反复摸索，终于找到了解决办法！他受日本传统"家族"观念的启发，把员工当做家庭成员，在企业中营造"大家族"的氛围。大家为了企业这个大家族而一起努力，为家族的兴旺发达而欢欣鼓舞，形成一个命运共同体；人与人之间充满温情，大家相互关心、互帮互助，为了家人以及整个家族都可以不惜一切。这就是稻盛先生一直倡导的"大家族主义"。

然而，仅仅通过"大家族主义"来取信员工谈何容易，企业除了从根本上确立一个正确的方向，要真正达到相互信任，还有很多工作要做。

三、统一经营理念

所谓"志同"才能"道合"，企业的经营理念必须得到全体员工的共同认可。

企业经营者必然是为实现自己的梦想而创办了公司，员工则是为了一定的梦想将自己托付给公司。如果不能将经营者的梦想与员工的梦想逐渐同化，经营必不持久，永续经营更是天方夜谭！

据此，稻盛和夫对阿米巴的基本经营理念作如下定论："追求全体员工物质与精神两方面幸福的同时，为人类和社会的进步与发展做出贡献。"当企业以追求员工的幸福为经营目标时，劳资双方的矛盾立刻得到化解，大家都愿意真正为了同一个目的而努力。如此一来，全体员工普遍接受并共同拥有的经营理念得以确立，团结一心的企业环境也会逐渐形成。

四、告知员工"实情"

即便统一了经营理念，全体员工还是不能完全理解经营者的苦心。例如，当经营者苦口婆心地解释："你不应该那样做，现在公司是这样的情况……"员工依旧半信半疑。

员工之所以与经营者存在心理距离，原因在于他们不了解公司的实际情况。稻盛和夫的做法是"直截了当地把公司的实情告诉大家，以赢得大家的理解"。阿米巴经营的目的之一是让全体员工都具备经营者素质，以与经营者相同水准的意识开展工作。如何迅速形成经营者意识？最先要了解的就是自己所在的企业到底是一个什么样的企业，企业现在的实际经营状况是怎么样的。这就要求企业经营者公开有关情况的信息，甚至将烦恼和困惑都毫无隐瞒地告诉大家。

企业如何给员工的身份定位，从根本上决定了企业与员工的关系：劳资对立或者互信统一。阿米巴经营需要的是企业与员工的相互信任，真正为员工的幸福而努力。

第八节　"精神分裂"的阿米巴

在阿米巴经营实践中，存在着两张皮的现象，说的和做的不一致，即理念是理念，制度是制度。

现象一：

A 企业实行阿米巴经营，领导极为重视经营哲学的共有和经营理念的统一，对这两项工作不遗余力。但他认为，企业原有的制度已经足够完善，没有必要再费周折将其全部取消。当全体员工对阿米巴经营理念基本认可后，该领导却迟迟不对企业制度做出改革。企业原有制度与新理念完全不搭，员工空有一腔热情，却苦于无处施展。结果理念成为空中楼阁、墙上文化。

现象二：

B 企业在发展上规模、上台阶的时候为了与世界一流管理快速接轨，直接引入阿米巴经营体制，员工在完全不了解阿米巴哲学系统，更不知道阿米巴经营理念为何物的情况下，机械地执行阿米巴经营制度。实施过程中问题迭出，漏洞不断。员工被纷繁芜杂的工具弄得无所适从，效率反而不如从前。最让员工无法接受的是，企业为了让大家更快地适应新制度，实施了严厉的奖惩机制。制度执行好的员工会得到相应奖励，但只要稍有差错，就会受到高额的惩罚——这个制度到底好在哪？我们谁也没看到！可是因为它，我们的钱包是越来越扁了。

在企业经营中，理念依靠制度得以传播和贯彻，制度依靠理念获得认同和支持，理念是制度背后的精神，制度是理念贯彻的重要载体。理念和制度之间理想的关系应该是相辅相成、协同共生的，但现实情况中经常会出现理念和制度不相一致，甚至是互相冲突的情况。在中国企业中，企业经营理念与制度不统一的情况时有发生，这种情况也与一定的历史因素有关。

一、中国企业"知行不一"的病史

中国企业的管理提升过程经历了两个带有明显特点的时期：一个时期是20世纪80~90年代，以大量引进国外企业的内部管理制度为标志；另外一个时期是最近两年，以大量引进国外企业的管理理念为标志。

早期引进国外企业的先进的管理制度时，由于大部分企业当时管理理念落后，导致很多先进的制度在中国"水土不服"，于是被进行本土化改造，最终演变成新建立的企业制度体系只不过是新瓶装老酒而已。当时，中国企业家中很少有意识到外来制度体系可能对本土企业所带来的潜在危险，大部分企业没有认真体会这些外来制度背后的先进理念，就主观地把最重要的内容"优化"掉了。

最近，国内企业在引进国外企业的先进管理理念时所犯的错误则相反。企业在对原有的文化理念进行较为深刻的反思后，企业家们从内心里感觉到原有理念的落后，对引进国外先进理念的必要性和紧迫性都非常认同。于是，他们囫囵吞枣、急于求成，聘请专家教授研究世界最卓越、最长寿、最有竞争力的公司的管理理念，并照搬进自己的公司中。但是，这次我们的企业家忽略了另外一个问题，即这些先进理念贯彻的背后需要有一套完整的制度来支撑，我们是否也学来了？由于缺少必要的支撑制度，或者现有的制度与先进的理念相互冲突，导致很多优秀的理念无法在经营管理中发挥实际作用。

对于绝大部分中国企业，企业管理存在最大的弊病就是经营理念与制度割裂成两张皮。

"现象一"体现的是由于企业经营理念的贯彻没有与企业日常运营相结合，抽象的理念在制度层面没有得到有效支撑，无法通过一种有力的机制作用到员工的行为层面，因而造成的文化"虚脱"问题。"现象二"体现的则是一味强调建章建制，而没有就制度背后的精神和价值主张在员工内部进行深入讨论，缺乏广泛的认同基础，因而造成的制度"空洞"问题。

总而言之，没有制度的文化是乏力的，没有文化的制度是空洞的。为了更清楚地认识并解决这一历史难题，我们继续做以下的解读。

二、经营理念与企业制度的三种关系

根据在企业内部两者一致程度的高低，可将企业经营理念和制度的关系分为三种类型：一致型、偏离型和对立型。

（一）一致型关系

一致型关系是指企业理念与企业制度正相关，一致性较高，企业理念所倡导的精神、价值观等与制度所要求的行为方向一致。企业理念在企业制度体系中能够正确体现。此时，两者对企业的经营和发展所起的作用是相互补充、相得益彰。理念与制度一致性的高低，决定着企业发展前景的好坏。

（二）偏离型关系

偏离型关系是指企业理念与企业制度的相关性比较低。理念是理念、制度是制度，理念和制度成为"两层皮"、"各自为政"，制度对于理念的贯彻程度较低。这时，二者对企业的经营和发展同样起到一定的作用，但是与一致型关系相比，作用力要小得多。

（三）对立型关系

对立型关系是指企业理念与企业制度呈现负相关状态，企业理念所倡导的跟企业制度中体现的要求相互矛盾，有时甚至完全相反。这时，二者对企业经营和发展的作用就会相互冲突，让员工不知所措，最终导致纷争不断、双方作用力相互削弱，理念与制度"两败俱伤"。

在推行阿米巴经营的过程中，我们应竭力创造理念与制度的一致型关系，理念与制度任何一方都不可偏废，要真正做到知行统一、以道御术，阿米巴经营才能在中国企业成功落地。

三、阿米巴经营的"道、术、法"

"道"是指导行动的理念、哲学；

"术"是经营会计、六项精进这样的经营工具；

"法"是指阿米巴的量化分权制度体系。

要杜绝阿米巴经营的两张皮现象，必须做到三者的融会贯通。

在"道"的指导和统御下，才能生成、活用各种"术"和"法"；只有"术"和"法"得到发挥才让"道"有了现实的依托。"道"是母体，也是前提。没有了"道"的映衬，"术"和"法"便是独木之林；没有了"术"和"法"的传承，"道"便是一种空洞的理论。

阿米巴经营是"道、术、法"的完美融合。企业必须构筑以"理念"为基础的经营，加速企业壮大；同时用"算盘"将大企业化小，使规模与灵活性兼具。

"道"归于"理念"的范畴，而"术"和"法"则归于"算盘"的范畴。它是以日本企业500强为典型代表的世界优秀企业实现快速成长、获取持续竞争优势的共同秘诀。只有当理念完全贯彻到制度中去，理念才能够掌控并完善制度。

经营理念与阿米巴制度体系是相辅相成、互相促进的关系。

由于时代原因，中国企业对制度与理念的侧重不同，严重影响了阿米巴经营在中国企业的落地。若想改善这种状况，需对经营理念与企业制度之间的关系一一明确，并能够辨别存在误区的关系类型，拿出解决方案。

实行阿米巴经营应该做到知行合一，理念、工具与制度高度统一与融合，才不会形成阿米巴的精神与体制分裂成两张皮。这样的阿米巴经营才是真正对企业有促进作用的系统经营管理体系。

第六章

推行法：实施阿米巴经营，这样才正确

如何去有效实践阿米巴经营是众多稻盛哲学信众的难点，需要热情、执着和精益求精的精神，更需要团结全体员工，循着阿米巴的总基调和既定曲调，共同完成一支阿米巴经营大合唱！

——田和喜

应该具体推行阿米巴了，跃跃欲试的经营者们可能还很担心会出现一些意想不到的风险，毕竟导入阿米巴经营对于企业无异于一场"企业变革"。

在迅速变化的当今时代，变革已成为企业不断发展唯一不变的主题。为突破自身瓶颈，与其被动应付，不如主动促进变革的实现。

世界范围内因主动变革走向成功的企业不胜枚举。但更多的企业是缺乏远见，没有足够的危机意识，当危机扑面而来时，企业才想起匆忙应对，往往转型成功概率低，付出十倍、百倍的巨大代价，世界范围内至少 2/3 以上的被动变革都以失败告终。

以阿米巴经营为代表的【理念+算盘】自主经营将成为中国企业持续发展的必然选择，一些先知先觉的企业已经强烈意识到这一点，并率先起航。

那么，如何化解推行中可能遭遇的潜在风险呢？本章做了总结，透过其中的一些经营原理和原则，无不折射出中国传统智慧的影子。

从这里起步，阿米巴经营的实践道路必定不会走偏。

第一节　把握阿米巴经营推行的总基调

一、构建不断培养人才的经营机制

稻盛和夫曾经发现一个有趣的现象：跟他在一个时代打拼的中小企业家中间，有很多精力充沛、富有才干的人物，他们具有敏锐的商业目光，善于捕捉机遇，才能非凡，但是能够获得很大成功的，却只是极少数。

这种现象在现今的中国也是司空见惯。中小企业的企业家创业之初依靠个人的智慧和能力，全身心投入工作，他们同样富有头脑、心思机敏、对市场上的机遇有着超乎常人的嗅觉。可是当公司发展到一定的规模以后，这些企业家们的困惑越来越多。

对外，不得不周旋于大客户与社会各界之间，应酬不断；对内，营销、生产、研发、财务等都需要自己拿决策，内部管理分身乏术。如何从创业者向企业家转移，从个人能力转向团队能力。强大的个人能力，在昨天是企业成功的主因，在今天却成了继续发展的巨大障碍。如何突破？

通过构建阿米巴经营体系，稻盛和夫将企业经营的权力和责任同时下放给各个阿米巴单元的负责人，让员工的经营能力在实践中得到迅速成长。依照这种方法，京瓷集团成功进入世界 500 强；此后，稻盛和夫又进军通信业，以同样的手法带领 KDDI（第二电信）进入世界 500 强。

美的、海尔是国内向日本企业取经最早的一批企业。通过构建"事业部量化分权"的系统经营体制快速培养内部企业家，美的从"竞争最激烈的家电业"突出重围，2011 年，集团整体销售额达到 1400 亿元；海尔通过搭建"赛马平台"，实现人人参与经营，迅速发展成为"全球第一家电品牌"，2011 年，集团整体销售额超过 1500 亿元。

事实上，无论是"阿米巴经营"、"事业部量化分权体制"，还是"赛马平台"，背后都体现出相同的经营目的：将员工从被动的"管理者、执行者"培养成为主动思考的"经营者"，释放员工潜能。

因此，企业推行阿米巴经营的总基调就是——培养人才。

二、培养与企业家理念一致的经营人才

对于一个企业来说，什么样的人才是有用之才？

在稻盛和夫的经营哲学里，有一个被称为"成功方程式"的重要内容：

$$成功 = 思维方式 \times 热情 \times 能力$$

这个方程式里，稻盛和夫道出了他评价人才的三大要素：思维方式、热情和能力。

（1）"能力"，按稻盛先生的解释，主要指先天的智力和体力，包括健康、运动神经等。既然属天赋条件，自己就无法负责。这种"能力"有个人差异，用 0~100 分来表示。

（2）"热情"（或称努力）也因人而异。从饱食终日无所事事的懒汉到忘我工作的模范，也用 0~100 分来表示。但这个努力与上述能力不同，不是先天的，可以由自己的意志决定。

稻盛先生举例说，一个天资聪明又很健康的人，"能力"可打 90 分。但他自恃聪明不思进取，"热情"只能得 30 分。那么两者之积：90×30=2700 分。另一个人天赋差些，"能力"只评 60 分，但他笨鸟先飞，特别勤奋，"热情"可打 90 分。这样他的乘积为：60×90=5400 分。后者得分比前者高一倍。就是说，天资一般而拼命努力的人，可以比天资优良而不肯努力的人，取得大得多的成就。我们周围很多人就是这样。

稻盛和夫曾经这样形容京瓷的热情：就好比把 42.195 公里的路程，按照短跑的方式全力跑完。相对于能力而言，热情显然是更为重要的一个因素。

（3）最后一个要素"思维方式"，就是人生态度与哲学认知。中国传统典籍中就有关于人才等级的分类：一流人才"深沉厚重"，二流人才"磊落豪雄"，三流人才"聪明雄辩"，其实就阐述了人的品性及思维方式的重要性。

在能力、热情、思维方式这三个要素中，稻盛和夫最看重思维方式。

这个要素是一个矢量，有方向性，从-100分到+100分。一个人能力越强，热情越高，但如果他一味地以自我为中心，损公肥私，损人利己，或者哲学反动，那么他的人生就是很大的负数，并可能给他人、给社会造成很大损害。这样的例子，古今中外屡见不鲜。

思维方式给稻盛和夫留下烙印，最早可以追溯到他13岁时的那场肺结核病。当时他的叔叔患上了肺结核，他的爸爸和哥哥都悉心地照料叔叔，只有他避之唯恐不及，连经过叔叔的房间时都要捂着鼻子跑过去。后来他的爸爸和哥哥都安然无恙，而他却染上了肺结核。那次患病的经历使他真切体会到利他、大爱和关切，是躲过灾难的关键；而自私、躲避、冷漠，则是祸根的因由。

稻盛和夫大学毕业之后在一家快要倒闭的公司工作，感觉在这里看不到前途，便与几个同事报考了国民自卫队，并被录取。办手续的时候，哥哥却不给他寄身份证，并严厉批评他说："你在别人都不干活的地方都干不出点名堂，还能做什么？"一句话点醒了稻盛和夫。此后他调整情绪，把铺盖和锅碗瓢盆都搬进了实验室，没日没夜地做实验。结果，他研究出超越电器巨头通用公司的精密陶瓷产品，给公司带来了源源不断的订单。

种种这样的人生经历，让稻盛和夫的思维方式开始大变，也直接影响到了日后形成的以"做人何谓正确"为起点的稻盛哲学体系。

不管在京瓷、KDDI，还是日航，对于企业人才的培养，稻盛和夫其实都是围绕思维方式、热情和能力这三个要素来进行的。

阿米巴经营培养的人才，是与企业家理念保持一致的经营人才。

三、树立全员正确的思维方式

培养人才，首先从建立正确的思维方式开始。

日航破产退市，稻盛和夫受邀出任 CEO。此时已年近八十的他，对于航空业可以说一窍不通，是一个彻彻底底的"门外汉"。他有什么绝招呢？我们通过"成功方程式"来分析和体会其中奥妙。

在成功三要素中。首先，"能力"方面的得分，稻盛和夫由于是"门外汉"，得分上肯定要大打折扣；其次，他 80 岁的高龄也无法像以往一样拼命地工作了，"热情"的得分也不会很高；最后，只剩下"思维方式"这一项，要想带领日航实现复兴，必须在这方面取得非常高的得分才行。

事实证明，稻盛和夫正是通过为日航植入稻盛哲学，让日航全员拥有了"正确的思维方式"，日航迅速扭亏为盈，并实现重新上市。

稻盛和夫刚上任的时候，有些人迫不及待地想知道答案："在这种情况下接手日航，您有什么高招吗？"

稻盛和夫回答："虽然在航空事业方面我是门外汉，但长期以来，作为经营者，我在经营企业的经验中归纳出了正确的经营思想和有效的管理模式。同时，我在自己的人生中总结出了作为人应该持有的正确的思维方式。我希望将这些传授给日航的每一位员工，我希望全体员工想法一致、齐心协力投入日航的重建。我认为，日航重建成败的关键，就在于能否有效地建立起上述这种体制。我没有什么特别的高招，我到日航去，就是要把我的经营哲学渗透到日航的员工中去，再没有另外的技巧。"

日航的员工并不缺乏热情，个个都是各自岗位上的专家，稻盛和夫要做的就是为全体员工植入正确的思维方式，只要日航全体员工的思维方式正确了，日航的重生一定为期不远。

事实上也证明了这一点。

只要具备了正确的思维方式，人才的热情和能力随之而来，很容易提升。因此，要培养与企业家理念一致的人才，首要任务是培养员工正确的思维方式。

中国企业推行阿米巴经营的成败与否，从是否能够为全员植入正确的思维方式开始，也就是从所谓的"哲学共有"开始。而要达成这一点，除了经营哲学以外，还离不开全体员工对于经营原理·原则的学习。

关注日航重生的人可能会注意到，稻盛和夫到日航之后，立刻在企业内部展开了高密度的培训，第一个月就举办了 17 次，稻盛和夫亲自讲解 6 次，讲完后还与大家一起讨论。正因为这样，日航的阿米巴经营才得以顺利推进。

阿米巴经营也是一篇优美的乐章，中国企业在推行时要时刻牢记：推行阿米巴经营的根本目的就是要快速培养经营人才。

第二节　遵循六个"经营实学"根本原理

一、在工作中修炼：人人都具有潜力，人生就是通过后天修炼开发潜力的过程

佛教认为，生活中无处不蕴藏禅机，真正的参禅不一定要去深山古刹，而应当在日常生活中，禅宗说"担水砍柴皆能悟道"。在衣、食、住、行中，洗碗、扫地、吃饭、睡觉、工作、事业中都有禅。净因法师在《看得开，放得下——本焕长老最后的开示》中告诫道："在工作和事业中用禅，可以消融诸种烦恼、心结，要集中心力，在事业中修行。"

稻盛和夫深受佛教思想的影响。他认为所谓人生，就是磨炼心灵或者磨炼灵魂，提升人格，丰富人性，塑造美好的人性，在迎接死亡时，我们应该拥有比出生时略微美好的灵魂。他主张在工作中修炼，而拼命工作就是磨炼灵魂最有效的方式。

他谈了自己的切身感受。"从 27 岁创建京瓷以来的 52 年间，我一直拼命地工作。公司可能破产，这种危机感逼迫着我。决不让公司倒闭，要让员工幸福，要让公司繁荣，抱着这种想法，我不知疲倦地拼命工作。没有闲暇思索多余的事情，没有工夫抱什么杂念妄想，只是拼命地、一心不乱地工作。这就是提高我自身心性的最好的方法。正如禅宗的僧人通过不断修行达到开悟的境地一样。"稻盛和夫这样说，"抛弃一切杂念，全身心专注于工作。比如，修建恢弘建筑的木匠师傅，烧制精美陶器的陶艺家。当在电视、广播以及报纸杂志中看到、听到有关他们的报道时，我们就会钦佩他们所达到的那种崇高的境界。这些人终其一生，聚精会神，投身于工作。他们并没受过高深的教育，也没有博览群书。他们只是每天每日，日复一日，不发牢骚，没有怨言，一味埋头于自己的工作。在这些人的一言一语中，透露出他们高尚的人生观和丰富的人性。他们讲出的深刻的话语犹如开悟的僧人。通过他们的金玉良言，我们知道了全身心投入工作，认真地生活，不仅是为了赚取金钱，而且对于磨炼人的灵魂、心志都能起到极大的作用。"

他又说："现在回过头来看，正是这种拼命工作的态度，塑造了我自己的人格。在我的公司经营中，可以说没有犯过非常大的失误，涉及公司生存的大失误，没有。现在我能够在大家面前侃侃而谈，就是我将自己的心血倾注于工作的结果。"

阿米巴经营从更高的一个层面理解，是经营者带领员工一同刻苦修炼来的，而绝不是轻松学习来的。推行阿米巴经营，就是在相信人人都具有成为"佛"的潜力，营造出每个人都能专心在工作中修炼的道场，让每个人积极投入工作，不断改善和提高自己。

实践阿米巴经营，就是在工作中修行。

二、经营的经济性：销售额最大化、费用最小化，投入产出比最大化

京瓷创建之初，每当稻盛和夫问财务人员："这个月的结算怎么样？"财务人员总会用一连串的专业财务用语向他说明。那时他还不太懂财务会计用语，只知道单是利润就分为很多种，有的多了，有的少了。由于稻盛和夫反复发问，最后财务人员不得不说："好了好了。简单地说，从销售额中减去费用，剩下的就是利润，只要争取销售额最大化和费用最小化就行了。这样一来种种利润无疑都会增加。"这一瞬间，稻盛和夫明白了：争取销售额最大化和费用最小化是经营的出发点。

销售额最大化、费用最小化，就能提高利润，这是一个最基本的常识，每一个决策都应当以此为出发点来考虑。这一认知让稻盛和夫释放出了"无穷的智慧"。金融危机是社会经济发展中难以避免的现象，当它袭来的时候，众多企业家感觉束手无策，"前途无亮"。而稻盛和夫告诉人们，应对危机的方法就是回到销售额最大化、费用最小化这个基本常识。他用京瓷 50 年的实践让人们确信，萧条是上天赐予的机会："萧条期费用与以前一样，公司就经营不下去。既然没有退路，只好大家一起努力减低费用，所以萧条期是降低成本的绝佳机会。"

企业推行阿米巴经营需要彻底贯彻这一经营原则。

三、经营的系统论：系统思维与条块思维、理念与工具的关系

系统思维就是把认识对象作为一个完整系统，从系统和要素、要素和要素的相互联系中综合地考察认知对象的一种思维方法。整体性是系统思维方式的基本特征，它贯穿于系统思维运动的始终。坚持系统思维方式的整体性，必须把研究对象作为系统来认识，即始终把研究对象放在系统之中加以考察和把握。稻盛和夫说："阿米巴经营与经营的所有领域密切相关。"阿米巴经营推行的另一个难点

就是需要系统思维。

系统思维要求经营者用经营来解决复杂的管理问题。

经营活动是由多种要素构成的完整系统，在企业的经营活动中，管理是用模块思维的方式来解决问题，注重具体的工具和方法，而经营的思维方式就是站在全局的高度系统地思考问题，重视原理和原则的遵循。例如，站在人力资源管理的角度来解决人力资源的问题，往往得不到根本的解决，通常事倍功半！如果从经营 TOP 的思想来解决人力资源的问题，往往迎刃而解！

欲穷千里目，大可上高处一瞰。

我们会发现，即使在没有任何障碍物的平地，视线也是有尽头的，地平线就是视线的尽头。模块思维相当于站在地球表面上看地球；而系统思维则相当于从太空中俯瞰地球，一览无余。这就说明，具备系统思维与看问题的高度密切相关。此外，系统思维还与看问题的角度、深度、俯度密切相关。

因此，企业导入阿米巴经营要想取得好的效果，需要系统思维，考虑到经营的整个系统。

四、经营的进化论：用公司内部竞争促进外部竞争，实现整体提升

用企业内部竞争促进企业外部竞争，是阿米巴经营非常核心的目的。

人们都知道"物竞天择、适者生存"的自然规律。鹰是鸟类中最强壮的种族。但很少有人了解，鹰的强壮，来自残酷的内部竞争机制。一只成年鹰一次可以孵化四五只小鹰，但每次捕回来的食物一次只能喂食一只小鹰，而鹰喂食的原则就是，按照小鹰的健康、强壮顺序喂食。在此情况下，瘦弱的小鹰就会被淘汰，只有最强壮的才能存活下来，这种习性代代相传，也成就了"鸟中之王"。虽然看似有些残忍，但"以竞争求生存"却是自然界的基本生存法则。

人类社会的竞争相对于自然界更是有过之而无不及。

当今企业的竞争愈发激烈，企业要想在这个"没有硝烟的战场"中长久生存下来，不断地提升自身的整体竞争力，确保实现企业的高效、协调运作，就必须

建立起一套内部竞争机制。阿米巴经营实行内部交易和独立核算的运作机制，就是为了促进内部竞争。

但这种内部竞争的根本目的，不是为了让各阿米巴之间、员工个人之间争抢资源，而是要将企业的每个人置于鲜活的市场竞争当中，以此唤醒大家的危机意识。

没有竞争就没有行业标准、企业标准的提升，也就没有行业整体水平的发展，没有企业及各部门的进步。

阿米巴经营以内部竞争促进外部竞争，并不断通过阿米巴的成长、分裂、合并等形式表现出来。稻盛和夫正是通过在企业内部构建出各阿米巴之间良性竞争的发展机制，使得全员拥有"付出不亚于任何人的努力"、"完美主义"等这样坚定的经营哲学，成就了企业强大而持续的竞争力。

五、经营辩证法：物质与精神双丰富、客观成绩与意识心智的互相作用

很多企业在推行阿米巴经营的时候，一味地强调"哲学共有"先行、理念的重要。

然而，细心的人们会发现，稻盛和夫在京瓷经营理念的表述中，员工的物质富足在前，精神满足在后。也就是说，稻盛和夫并不是一味地强调哲学、理念等意识形态的重要性，而是强调物质与精神相结合。

生存和安全保障是人类的第一需求，是其他一切需求的基础。人类由于生产的发展和物质的极大丰富才产生了被尊重、成就自己等更高层次的精神需求。

正如物质影响意识，意识对物质产生反作用一样。企业经营取得的"客观成绩"与员工"意识心智"的提升是互相作用的。稻盛和夫在拯救日航导入哲学的过程中一再强调："坐而论道不如起而行之！"就是因为，他深深地懂得只有企业的运行状况良好，获得了实际的改善成就和高利润，员工才会相信稻盛哲学的威力，因而促进经营哲学的落实与贯彻，同时随着员工对经营哲学的更加深刻理

解，又可以进一步提升经营的成绩。

六、经营水平的螺旋提升原理：一切都是循序渐进、重在改善

"罗马不是一日建成的"。

持续改善是一个企业基业常青的根本，任何企业都是通过点滴改善、日积月累而实现不断提升的。简单地说，阿米巴经营的循环改善就是着眼于各个阿米巴经营单位，以及辅助的人事、财务、研发等部门点滴的改善活动而不断积累，由当下的经营水平螺旋式上升至更高阶段的经营水平。

阿米巴经营模式与传统静态的职能型管理模式不同，只要套用职能型管理模式，就可以像流水作业一样机械地运行下去。阿米巴经营模式下的经营活动是动态的，随着经营活动的变化而时刻在变，时时不断地循环改善，因为外部市场环境不断在变，竞争对手也不断在变。

运行阿米巴经营，就是进行持续的刻苦修炼，让企业处于"逆水行舟，不进则退"的状态，不存在"只要阿米巴体制建立并运行了就可以休息"的状况。阿米巴经营让全体员工集体回归到最简单的生命状态，即通过每天努力进步一点点，才能踏上持续成功的大道。

企业是由理念一致的一群人组成的有机整体。如果不能使企业全员形成统一的理念，并在经营实践中遵循以上六个根本原理，那么，无论企业是推行阿米巴经营也好，还是采用其他的经营管理方式，经营的展开都不会变得顺畅、高效。

第三节　恪守七大"组织变革"推行法则

我们为大家归纳出七大化解组织变革风险的推行法则，是任何经营变革需要遵循的最简单、最重要的原理和原则，同时企业推行阿米巴经营也必须要遵守。

一、推进范围：从整体到部分

一些追求稳健的企业家可能会认为，阿米巴经营的推行应该首先从局部开始试验，待取得试点成功之后再进行推广、运用到整个企业。关于这一点理解的误区和理由，我们在第四章中已经有阐述。

企业是一个整体。稻盛和夫曾这样描述京瓷："几个阿米巴组合起来形成一个大的阿米巴，这个大阿米巴和其他大阿米巴组合在一起，构成一个更大规模的阿米巴。其实，京瓷本身就是一个由世界数千个阿米巴组成的巨大阿米巴。"

企业首先是由无数个事业组成的单位。

在推行阿米巴经营时，企业应先从整体入手，将整个企业划分为一个个独立核算的事业单位，并展开授权经营和独立核算。首先，将事业部长级别的阿米巴"巴长"培养成与企业家理念一致的经营高手；然后，当在第一圈高层范围内率先实现"哲学共有"，取得不错的经营成效之后，企业再以各个事业部长为中心，进行进一步的组织细分，实现哲学的贯彻，最大限度地确保"理念的复制"不走样。

如此一步一步地实现阿米巴的精细化划分，是阿米巴推行的必经阶段。只有在大的阿米巴得到顺利运行之后，才能进行更加精细的阿米巴组织划分。这要求企业的高层必须一开始就做对，即首先用"经营哲学"改造自己，从"作为人，何谓正确"出发，着眼于全局利益去经营企业，从整体上的初步运行，逐步深入到各部门，以全局的眼光来解决局部的问题。

二、数据运用：从粗放到精细

在数据运用上由粗放到精细，这与阿米巴单元的从较大到精细划分相一致。数据反映经营的实态，数据的精细程度必然随着阿米巴经营的精细程度提升而变化。

（一）核算周期逐步缩短

在阿米巴经营模式下，各阿米巴当天的实际经营业绩在第二天就要被统计出来，并反馈给现场，帮助企业和各阿米巴"巴长"时刻掌握经营的实际状态，方便做出准确、快速的决策。

现场的员工也都希望能够马上就可以看到自己的工作成果，这是一件令人高兴的事情，员工也可以立刻就找到自己昨天哪里做得不够好，当下即可改善。而现实中，很多企业的实际业绩都是每个月统计一次，甚至还有更久的，这好比凭借过去的记忆对很久以前犯下的错误进行批判。首先不说这样的记忆是否存在偏差，从人的心理来讲，如果有可能，相信没有人愿意再去回顾过去的数字，被人批判自己过去所犯下的错误，会对员工的热情造成很大影响。

然而，要想实现一天一次的核算，对于大多数企业来讲，似乎是一件不可能完成的任务，很多人想都不敢想，尤其对于经营管理底子相对比较薄的中国企业。

一日结算的本质不在于计算机的速度和财务人员的努力，而是涉及整个企业的流程改善、表单简化、电脑作业处理和作业的合理化。[①]也就是说，它是整个企业管理水平的一个综合体现。

有多大的力气挑多大的担子。我们在阿米巴核算的时候不要追求一步到位，不要一下子做到单位时间核算，而是要循序渐进，从一个月到半个月，从半个月到 10 天，再到一周，到每一天。事实上，在日本本土，能做到像京瓷这样的精细化的阿米巴经营的企业也不存在！然而推行到 Min-SBU 量化分权的企业有很多且取得了极大的成功，在中国，如海尔、上汽这类企业就取得了成功。

（二）数据划分的不断精细化

京瓷集团的费用划分非常精细，仅水电费一项，就分别列为水费和电费，这样在进行总结的时候就可以清楚地看到成本的来源，从而更加有针对性地节约成本。这是由于京瓷集团的阿米巴组织体系已经达到了非常精细的程度。对于一个

---

① http://finance.jrj.com.cn/biz/2010/04/0901327262553.shtml.

刚刚开始导入阿米巴经营且尚处于起步阶段的企业，其数据上的运用不可能一步到位，即使提前达到精细的地步，也只能徒然增加工作量，给推行阿米巴带来不便。

有的企业推行阿米巴时，为了核算而核算，为此不断增加人数，阿米巴不但没有让企业提升效率，反而因为人数的增加，造成人均劳动生产率下降，这与阿米巴经营的理念是相悖的。

数据是为经营服务的，在企业刚刚开始划分阿米巴单元的时候，数据只需要能够明确反映收入和支出的来源即可。例如，对于水电费，就没有必要划分为水费和电费两项。数据的运用和组织体系的划分一样，是一个循序渐进的过程。在推行阿米巴经营的过程中，随着经营能力的提高和阿米巴组织体系的精细化，对数据的精细程度自然会要求越来越高。所以，数据的运用要与阿米巴的推行程度相适应，应随着阿米巴组织结构对其精细程度的要求而变化，而不是盲目地寻求精细化。

三、业绩评价：局部利益服从整体利益

每一个阿米巴的成功与公司整体的繁荣并不矛盾。如果只有一个或几个部门的业绩优秀，而整个公司却停滞不前甚至经营下滑，这是毫无意义的。因此，阿米巴的绩效管理必须立足企业整体的发展来进行，用系统思维的方式去看待每个阿米巴单元的经营状况。

在企业刚刚开始推行阿米巴的时候，无论是在"哲学贯彻"上还是在"组织运作理解"上都可能缺乏足够深入的认识，难免产生为了独立核算的"绩效"而在企业内部争夺资源，展开恶性竞争的现象，这就需要通过业绩评价来教育员工。例如，有的阿米巴单元看上去经营成果很优秀，但是它的存在损害了其他阿米巴单元的正常经营，不利于企业的整体发展，这种情况下，其经营成果是不值得鼓励的。相反，有的阿米巴单元为了企业整体的发展而牺牲了自己的资源，看上去并没有取得很好的营业额，但恰恰符合了企业推行阿米巴的初衷——提升企

业的整体效益。

再如，基于企业整体利益，公司在年度经营方针策略中可能会明确规定某一阿米巴单元必须不盈利，这些特定的阿米巴单元如果盈利就势必会损害其他阿米巴单元的正常运营，从而给企业整体带来损失。在进行组织绩效管理的时候必须明确企业制定方案的初衷就是进行组合销售策略！而这个阿米巴的"巴长"就必须坚决贯彻公司的经营方针。

稻盛和夫常常严厉训斥自私的领导行为："为什么你只顾自己而不考虑对方？有这种自私想法的人，没有资格当领导。"企业最高领导人要时刻灌输阿米巴负责人，在具备维护和发展自己部门强烈使命感的同时，还需要具备公司的整体经营意识，并作为一个重要的绩效评价指标。

我们的企业推行阿米巴，不是为了某个阿米巴单元的利益，而是为了企业整体的利益。正是因为有了其他人员和部门的配合，客户才愿意最终为公司的产品和服务买单。在进行绩效评价时，必须把公司整体的利益放在第一位，而不单以各个阿米巴单元的经营成果论英雄。

四、实施意识：竞争服从于合作

我们反复说，内部竞争是为了促进企业的整体竞争力，那么这个竞争力到底来自何方？

对此，稻盛和夫的一番话也许能够道出其中的秘密："企业将每道工序划分出的阿米巴单元独立经营，下一道工序为了生产的进行必然要选择购买上一道工序的产品。在进行采购的时候，竞争就产生了，如果上一道工序的成品价格太高或质量不能过关，下一道工序就会考虑到外部收购。"这相当于一件产品的每道工序都受到严格的质量审核，产品的高性价比和质量是企业竞争力的核心，有了这样的机制，企业的竞争力必然大为提升。

不论是按照传统的方式经营，还是将企业划分成小集体来经营，企业始终是一个整体。在企业经营活动中，谁也不可能单枪匹马地作战。

阿米巴单元无论怎么划分，实行内部竞争也罢，归根到底都是为企业的发展而服务客户的。经营者必须把握这个本质，在内部竞争的问题上始终做到竞争服务于企业，竞争必须服从于合作。例如，在特定状态下，为争取某一新的大客户，由于市场竞争的原因销售部门拿到订单的价格可能低于计划定价，此时生产部门可能不同意，因为二者处于内部竞争的关系，但此时必须以提高外部的市场竞争力为主要目的，由上级阿米巴"巴长"进行协调，互相配合。

研发人员把握市场方向也需要及时得到市场部门的沟通和反馈，物流部门的计划也需要和营销部门的计划相一致，采购部门的行动也要跟随生产部门的节奏，等等。总之，阿米巴经营强调内部竞争是表象，通过竞争促进内部合作才是本质。

五、体制构造：持续改善重于一蹴而就

阿米巴的组织体系不可能一步到位实现精细划分，对经营数据的运用也是一个由粗放到精细的过程。阿米巴的运行机制是一个完整的系统，更不可能一蹴而就。

这些都需要在现有条件下逐渐、连续地进行改善，涉及企业的每一个人、经营的每一环节。这种改善是长期的和持续的，以看似并不显著的幅度在逐步提升，其过程是持续的和稳定的。

稻盛和夫的阿米巴经营向中国企业阐述了一个几近完美的经营系统解决方案，而这是京瓷从20世纪60年代开始，经过几十年不断循环改善达成的结果。无论是中国企业还是日本企业，要想达成那种最高级别的阿米巴经营状态，都不可能一蹴而就。

（1）持续改善。注重系统思维方法，提倡从企业的整体利益出发，而分成许多项目时应同时进行改善，大家一起努力，这样才会避免"按下葫芦浮起瓢"的现象。曾经有许多企业出现过这样的现象：公司为生产系统的改善设置了很多改善奖励计划，员工也的确展开了很多改善项目，然而，年终总结下来，改善

奖金发下去不少，整个生产系统的总成本却并没有得到下降，这是很让人纳闷的事情。

企业的最高层必须规划出一个长期的发展战略，再将其细化为中期和短期目标，然后将其自上而下层层细化分解，从而逐渐形成行动计划。如果在实践中很随意性地凭感觉来改善，往往由于不系统而造成上述情况。

比如说，面对成本不断上升的经营压力，根据"销售最大化、费用最小化"的经营原则，公司要求必须降低整体经营费用的5%。那么，企业就可以发动全员，通过提高生产能力、降低库存、降低废品率、降低运输损耗、改善生产流程、提升营销费用使用效率等方式共同来实现。要想通过某一个部门的努力降低5%的整体费用，或许谁也办不到，但是只要通过大家共同努力不见得是一件困难的事情。

（2）将长期目标划分成阶段性的改善目标来完成。我们知道，台塑集团的创始人王永庆的利润中心管理模式与阿米巴经营有着异曲同工之妙，台塑集团的核算也是第二天就可以看到清晰的结果。而为了实现王永庆要求的每天核算，台塑集团居然花了整整10年。

阿米巴经营体制的构造建设，在每天不断的自我运行中改善提升。

六、注重当下：现场比数据更重要

数据是对企业经营状况的量化反映，然而数据具有一定的滞后性。

例如，在制作胶囊的时候，在机器的运行过程中，明胶的黏度、室内的温度及湿度都会影响胶囊的质量。如果工人等胶囊的质量检测报告出来，发现质量不合格了，再去调整机器，那么在等待数据的期间已经有大量的胶囊报废了。因此，在制造的过程中就要对温度、湿度和明胶的黏度都严格把关。一旦其中的一个数据出现异常，就立刻调整机器，将不合格品的数量控制在最低。

阿米巴经营的推行也是如此，尽管企业对每天的经营数据进行统计，但是当数据出来的时候，一天的经营活动已经结束了。因此，我们需要本着一切问题都在现场的原则，在现场发现和解决问题，这样才能将损失降到最低。

阿米巴经营成功的另外一个本质也是遵循了所有优秀日本企业都在强调的"三现主义"，即注重"现场、现况、现物"，并尽可能通过"设计预防"不让事故有发生的机会。

七、实施组织：坚持"一把手工程"

"一把手工程"是指推行阿米巴经营的企业要根据阿米巴单元最高长官，即"巴长"的意志进行经营活动，整个企业是一个最大的阿米巴，因此企业最高领导人是首要的。

（1）阿米巴经营以哲学为基础，而企业经营哲学的核心是企业家经营哲学，"哲学共有"就是要将企业最高领导人的思想贯彻到每一位员工，"哲学共有"要求必须是"一把手工程"，通过阿米巴经营来培养与企业家理念一致的人才。

为了让"一把手工程"能够有效地推动企业发展，以企业最高领导人为首的阿米巴"巴长"，必须时刻不忘以下"三大纪律"，并以此为行动指南。

第一大纪律：以身作则。在贯彻哲学的时候，只有经营者以身作则，从自己做起，员工才会看到并且相信。

第二大纪律：言行一致。在贯彻经营哲学的时候，如果经营者为大家阐述"利他"、"敬天爱人"的时候自己却做不到，也就没有资格要求员工做到。

第三大纪律：表里如一。最重要的是要把自己内心的真实想法传递给员工，不能表面上对下属"很满意"，背后"玩阴的"。

（2）"一把手工程"并不是要求大事小事都得老总亲自抓，而是应以掌舵人的角色出现，牢牢把握住大方向。

企业各部门应各司其职、各尽其责。在日本企业里，通常有一个叫做经营管理部的部门，经营管理部长被称为老板的"左脑"，他是老板最重要的经营替身之一，其职责是让企业获取当下经营的最大化利润，也是推行阿米巴经营的负责人，在阿米巴经营的具体推进过程中替代企业最高领导人而推动具体工作的展开。

第四节　组织演进三步曲：壁虎经营、蚯蚓经营到阿米巴经营

阿米巴经营是一种修炼，不可能一蹴而就。如果从生物学的角度来看阿米巴经营的复制，我们可以看作两个方面的复制：①思想的复制，即阿米巴经营理念部分的复制；②身体的复制，即阿米巴经营体制部分的复制。

自然界里隐含着大智慧，如果把阿米巴经营的实践之路分成几个阶段，分别用不同特征的生物体来表述的话。我们很容易想到另外两种生物——壁虎和蚯蚓。

从阿米巴经营哲学的逐步深入和组织结构细分的逐步推进过程来看，阿米巴经营推进可分"三步走"，即从壁虎经营到蚯蚓经营，最后实现阿米巴经营。这三个阶段环环相扣，高级阶段的阿米巴结构以低级阶段的阿米巴结构为基础。

一、第一步：壁虎经营

顾名思义，壁虎经营这一经营阶段的得名与壁虎的生物体特征有关。

众所周知，壁虎在遇到危险的时候会自残尾巴来迷惑敌人，自己乘乱逃走，不久之后即可生出新的尾巴。与此类似，壁虎经营阶段中，企业对阿米巴经营的实现还处于初级阶段，对于经营哲学的贯彻并不深入，而只是复制了阿米巴经营体制的一部分，如事业部制就是典型的代表。

事业部制是以某个产品、地区或顾客为依据，将企业分成一个个相对独立的事业经营小单元。各事业部在企业的整体领导下，有各自独立管辖的产品或市场，在经营管理上有较强的自主性，实行独立核算。由于决策权在很大程度上分给了事业部，企业的最高层得以摆脱日常杂务，集中精力对经营的大方向进行探索。

事业部制是阿米巴经营的初级阶段的运行机制，代表着实际分权的开始。分权不仅是一门科学，更是一门艺术。分权开展在合理的组织架构的基础之上，若缺乏像诸如事业部制这样的组织，赋权就会难以进行。事实上，分权一直都是中国企业家最棘手的问题之一。有不少中国企业家迷恋权力，不懂得分权的重要性，再加上组织的落后，导致中国企业普遍缺乏经营的稳定性。尤其是在权力过渡的时候，企业最容易出现动荡，往往因经营人才的青黄不接而影响企业的成长。

分权的优势在于能从基层开始培养下一代接班人。当员工被委以经营权后，即使权力还很小，他也会产生"自己也是经营者一员"的自主意识，并乐于主动承担责任，努力提高经营业绩。经过这种观念的熏陶，企业员工的立场便会发生从"劳动者"到"经营者"的转变，开始站在企业经营者的角度思考问题和开展工作。

在壁虎经营的阶段，企业对于分权只能达到"SBU 量化分权"（SBU 即战略性事业单元），除了事业部长层面以外，事业部内部对经营哲学的贯彻尚未深入，对经营会计工具的使用也处于初级阶段。而这一阶段，松下幸之助早在 20 世纪中前期就已达到。正是通过这种赋权方式，松下幸之助培养了一大批人才来分担他的工作，让他有时间和精力去处理更为重要的事务。

壁虎经营阶段还远未实现人人参与经营的目标，企业中高层员工正走在从"为老板干"到"为自己干"的途中，而基层员工还处在为"老板干"的阶段。

壁虎经营，仅是阿米巴经营的开始，当它运行到一定程度，必然要实现更加精细的分权。

二、第二步：蚯蚓经营

蚯蚓的再生能力极强，在被切成两段时，其体内的消化道、神经系统、血管等组织的细胞，会在适宜的条件下通过大量的有丝分裂而迅速地再生，通过复制自己，含脑神经的部分就会变成一条完整的蚯蚓。顾名思义，蚯蚓经营在体制方面基本全面复制了阿米巴经营模式的内容。

企业从壁虎经营进化到蚯蚓经营的过程，就是在不断调整体制结构的过程。在此期间，企业会逐渐将壁虎经营的体制部分完全消化，直至进化为蚯蚓经营。

蚯蚓经营以"事业 SBU 量化分权"为基础，进一步实现经营组织细分和权力下放。

近年来，中国不少企业已经开始了对蚯蚓经营的探索。2006 年，海尔开始试验的"自主经济体"模式，就是在事业部经营体制的基础上实现了更小经营单位的授权。自此，海尔的生产一线普通员工也有了一个全新的头衔——生产线体经营者。看似只换了一个头衔，实际上员工正在进行一种身份的转变——从一位"总装工"转变为一位名副其实的"小老板"。

在成为一名"生产线体经营者"之后，这名员工开始对自己每天创造的利润负责。而要实现盈利目标，他就必须反复运算这条公式：盈利=收入－成本。这迫使他主动思考如何优化工艺，如何减少浪费，并开始主动与所有有关同事沟通协调。在他的眼里，现场的物料已不再是一个个死的零件，而是一张张活的钞票了。因此他很难接受品质事故，以及无谓的工艺浪费和物料浪费等。这就是蚯蚓经营的典型成果。由此，海尔为实现人人参与经营而迈进了一大步，员工从"为老板干"转变为"为自己干"，员工对于经营会计的使用也达到了较为熟练的地步，海尔本质上是在实践蚯蚓经营。

如果仅从体制结构上来看，蚯蚓经营与阿米巴经营已经相差不远。但是，"差之毫厘，失之千里"，蚯蚓经营还没达到完美的地步。我们同样以海尔的"自主经济体"为例来说明。

2009 年 11 月初，稻盛和夫与张瑞敏在中外管理恳谈会上对话。在互动环节，有人提问"自主经营体"是如何考核的。张瑞敏说："标准利润留归公司，超额利润归自主经济体分配。"对此，稻盛和夫非常不赞同："那是成果主义！那样是行不通的！"因为这种考核方式会导致每个"自主经济体"都追寻属于它自身的"超额利润"，在企业内部抢夺资源，以满足自己小集体的利益，而不会重视企业的整体效益。在稻盛和夫看来，较完美的考核方法是通过单位时间核算表，看清每个阿米巴单元为企业整体做出了多大的贡献，而不是每个阿米巴单元自身创造了多少的"超额利润"。

这两种考核方式的差距，根源于"自主经济体"与"阿米巴经营"在理念上的差距。当一个企业推行阿米巴到了蚯蚓经营的阶段，说明它已几乎可以完全复制阿米巴经营的体制结构，即从"事业 SBU 量化分权"进一步精细到"Min-SBU 量化分权"（微事业单元量化分权）。但这样还不够，从蚯蚓经营进化到阿米巴经营，最大的改变已经不再是体制上的复制，而是理念上的统一。

三、第三步：阿米巴经营

阿米巴的原意是单细胞变形虫，即将遗传物质先复制一份，然后整个细胞一分为二，这是一种完全复制的繁殖方式。企业要真正做到细胞单元的阿米巴经营，就不能只重视体制的复制，还要连同理念一同彻底复制。

在蚯蚓经营的实践中，企业对于经营原理和原则已经有了很深的理解，员工也已经能够运用这些原理来指导经营实践活动，并开始渐渐感到得心应手。然而就是在企业为这种"得心应手"的经营感到自豪的时候，却往往又忽视了在经营哲学的第一课所学到的内容——回到原点。

要从蚯蚓经营进化为真正的阿米巴经营，实现理念的高度复制，关键就在于看似简单的"回到原点"思维方式的建立。只有将"回归原点"的思维方式渗透到全员，才有可能真正迈向阿米巴经营的最高境界！

比如，采取阿米巴经营的企业，为了应对不断变化的外部环境，其组织结构在经营活动的每一个当下，都会根据市场动向、竞争对手等的不断变化，灵活地进行调整，并及时做出应对，建立符合当时情况的最优化组织。在京瓷公司内部，仅科级阿米巴组织的变动每个月就有 30 次左右，甚至有过早晨设立的阿米巴单元在晚上完成任务后就取消的情况。对此，稻盛和夫解释道："我并不觉得在企业经营中存在什么非此不可的组织结构……我就是抱着这样的想法，根据需要随时调整组织结构，进行最合理的人员分配，以期靠最少的人数完成企业的使命。"

真正做到细胞单位阿米巴经营（Cell–SBU 量化分权），让全体员工如人体在大脑的集中指挥下实现每一个细胞协调运作一般。企业对员工的培养范围已经远不止于经营技能的训练，而正确的思维方式和人格理念的养成更为关键。稻盛和夫正是秉着带领全员修炼灵魂的坚定信念，始终着眼于"做人何谓正确"的原点，才真正达成全员从"为自己干"到"为社会干"的华丽转身，京瓷也创造了50 多年不亏损的神话。

如表 6–1 所示，是从壁虎经营到蚯蚓经营，再到阿米巴经营的运行轨迹。

表 6–1　阿米巴经营的渐进性

经营模式	生物特点	经营特点	分权程度	员工状态	对经营会计的使用	竞争力
壁虎经营	壁虎可以复制身体的一部分：尾巴	可以复制体制的部分	SBU 量化分权	为老板干	初步使用	模块竞争力
蚯蚓经营	蚯蚓切成两段后仍然可以做完整的蚯蚓，但只有包含脑神经的一段存活	体制上几乎完全复制，理念上部分复制	SBU 量化分权、Min-SBU 量化分权	为自己干	熟练使用	系统竞争力
阿米巴经营	阿米巴是单细胞原生动物，可以完全复制自己	从体制到理念都完全复制	SBU 量化分权、Min-SBU 量化分权、Cell-SBU 量化分权	为社会干	完全掌握	精致竞争力

表 6–1 表明了阿米巴循环改善的特性，要想真正做到阿米巴经营，就是要分三步走，壁虎经营和蚯蚓经营是达到阿米巴经营的必经阶段。同时，在运行阿米巴的时候，一定向着修炼人生的目标不断精进，否则就会止步于壁虎经营或者蚯蚓经营。

第五节　展开阿米巴经营推行方案策划

接下来，我们来探讨一下阿米巴经营的具体推行方案策划。

一、事前工作准备

前期工作必不可少，阿米巴推行的前期工作主要围绕三个方面展开：

（一）领导格局升华

其本质是企业家要放开胸怀，承载大义，摒弃私欲，燃起利他之心。这是企业推行阿米巴经营的前提，也是任何企业发展壮大的必备条件。

领导格局的升华具体表现在五个方面，也是必须要做到的：

（1）体制改革上，特别是利益分配机制要保证公平；

（2）要拿出系统的、成文的、可执行的具体制度；

（3）承诺必须兑现，建立信任；

（4）进行全员培训，并做好企业内部的沟通；

（5）"一把手"要坚持"十二字方针"：以身作则、言行一致、表里如一。

没有开放的胸怀，没有"义利合一"的信念，没有愿意为"全体员工的物质和精神双丰收"而努力的理念，阿米巴经营将失去根基。

（二）统一中高层对阿米巴经营的认识

有一条简单的哲学原理，叫做定义决定结果。佛家用"心相"、"名相"、"物相"的相互转化来阐述这样的道理。

企业在推行阿米巴经营之前，务必要统一中高层对于阿米巴经营的定义及其正确内涵。比如，A高管与B高管对于"阿米巴是什么""组织细分"、"经营会计"等问题及概念的理解不一样，在沟通探讨的时候，就如同一位只懂中文的人与另一位只能听懂英语的人在对话一样，根本不知所云。

沟通障碍是企业经营最大的无形成本，蒙牛集团创始人牛根生曾有智慧之言："只读一本书。"就是看到了问题的本质，这也是企业推行阿米巴经营的正确开端。

（三）统一中高层理念

企业最高领导人的理念深刻影响着企业的走向，企业的中高层能够达到什么样的思想境界，在很大程度上决定着企业能够走到什么样的高度。

统一中高层理念，需要从以下两方面进行：

第一，中高层首先要进行研讨，然后明确企业经营哲学、经营理念，最终回到三个根本哲学命题：

（1）我是谁？即我的企业做到了什么程度？存在什么问题？

（2）我为何来到这里？即我的企业为什么成为了今天这个样子？最主要的原因在哪里？暴露出什么问题？有什么经验教训？

（3）我要走向何方？即我要把我的团队带到哪里？我想要做出什么样的企业、达成什么样的目标？我要为员工和社会奉献什么？

在这一步，要求企业的中高层能够在这三个问题上对本企业形成统一认识。充分了解企业的现状和现状背后的实质问题，明确企业的发展方向，也是"哲学共有"最重要的开始。

第二，展开【理念+算盘】经营实学内容的学习。

经营实学包含两方面的内容，一个是企业经营的原理和原则；另一个是经营会计。

如果经营哲学是推行阿米巴的理念支撑，那么经营原理和原则是阿米巴经营体系正确展开的依据，经营会计则是落地工具支撑。

（四）成立阿米巴经营推行负责机构

在阿米巴推行的初期，成立专门的负责机构，有举足轻重的意义。该机构不仅要从技术层面上处理阿米巴推行方案的规划、体制的运作等，还随时需要处理伴随体制改革而来的一系列问题。

由于事关重大，一旦失败将带来很多"后遗症"。建议公司阿米巴推行小组先学习掌握【理念+算盘】自主经营的原理与方法，选择拥有丰富企业实操经验，对于推动企业整体经营能力提升有强烈热情和坚定的人。

在日本企业中，这个部门被称为经营管理部，而这个部门的负责人——经营管理部长，也被称为"老板的左脑"。

二、推行的具体步骤

做好前期工作以后，就可以正式进行阿米巴经营推行方案的策划。策划过程由阿米巴推行负责机构直接管理，主要包括以下几个步骤：

（一）贯彻经营哲学

经营哲学的贯彻，应遵循"涟漪原理"：首先是高层统一思想和基本经营原则，然后由高层向中层传播，最后再到基层。

具体落实在员工的身上，则有一个由不信不疑到半信半疑，再到深信不疑，最后到信仰的过程。

对经营哲学的学习是运行阿米巴的开始。但这个开始并不像开汽车，上路前加满油发动引擎就可以长时间持续自动运转。对哲学的学习像骑自行车，踩动踏板才能促使车轴滚动，之后这个动作还将持续，否则车身也会"停步"。在企业的经营活动中，需要不断地踩下哲学这个"踏板"，让经营哲学与经营实践相结合，当员工通过经营业绩感受到哲学的作用之后，就会由不动到激动、感动，再到自觉行动。

另外，经营哲学在实践中贯彻也离不开一些工具和方法，其中最重要的就是经营会计系统量化工具。

（二）明确企业的经营策略

阿米巴是一种灵动的系统，在不同企业有着不同样貌，呈现百般形态。

经营策略是企业根据迅速变化的市场环境做出的战略、战术展开的判断，关乎企业的长久生存、阶段性目标的实现。

经营策略决定经营体制，阿米巴经营是为了实现经营的目的。因此，任何企业都不能照搬他人的阿米巴经营模式，而要量身定制。在企业推行阿米巴经营前，清晰经营策略显得尤为必要，否则之后的阿米巴经营推行工作就不能做到有的放矢，在方向策略不明确的情况下甚至做得越多，错得越多。

（三）构建阿米巴组织体系

阿米巴经营模式是把企业分成若干个小单元，以"巴长"为核心，最终实现全体成员共同参与经营。划分阿米巴，首先必须设置确切的组织架构，其次必须从"粗"到"细"。

所谓确切的组织架构就是要与经营策略相匹配。能贯彻经营方针和经营者的经营意志，这是划分阿米巴组织的前提。

从宏观到微观阿米巴的组织体系可以分为：整个企业、事业部、SBU/部门、工段工序等不同层级水准的阿米巴。因此，首先必须设置好事业部、部门等大阿米巴，再进行细分组织，方可起到有效作用。

推行阿米巴的初期，不宜将公司组织划分得太细。因为要对每个阿米巴单元进行独立核算，则必然涉及与相关阿米巴单元的定价问题，再加上每个阿米巴单元需要根据市场情况进行不断的重组或合并等，其协调过程是比较繁琐的，还有企业人才是否充足等因素。因此，阿米巴经营模式的推行是一个由"粗"到"细"的过程，欲速则不达。在刚开始，一定要量力而行。否则，其内部交易运作成本就大于总体收益，这样就得不偿失了！

行业及企业发展的不同阶段、业务构造等不同，对阿米巴单元的划分也不同，即使是同一行业，各企业也有自己的方式。但是，无论何种方式划分都要格外慎重，每个分出的阿米巴单元都必须符合四个基本条件：

（1）收入来源明确，为获取这些收入而产生的支出能够清晰计算。例如，一般中小企业职能部门由于没有对外进行销售的业务，因此不能作为阿米巴独立出来；但对于大的集团企业，其有些职能部门如海尔大学培训部，既为自己内部提供服务，同时以其独特专业优势也为外部提供服务，就可以作为阿米巴。

（2）具备独立完成某项业务的能力。例如，项目制销售往往有客户信息收集、需求了解、标书制作、投标公关、工程服务、收款，整个过程紧密相关联，如果不能独立完成业务，就不能将其项目下属的每个单位都划分成阿米巴单元。

（3）能够贯彻公司整体的目标和方针。例如，一家企业有两个项目，其中一个是新项目，已经进行了初期投资。这时新项目尚不能划分成阿米巴单元进行独立核算，因为此时除了"一把手"外还没有其他的人能对此项目负责，还不能完全贯彻公司整体的目标和方针。

（4）具有可以被授权的阿米巴"巴长"人才。阿米巴的经营本质是量化授权的经营，因此划分阿米巴之前必须有可以被授权的经营人才存在。

（四）展开授权经营

授权分三步走，首先要识别和任命阿米巴单元的"巴长"，然后搭建"赛马平台"。

1. 阿米巴"巴长"人才的识别

有道是一只狼领导的一群羊可以打败一只羊领导的一群狼，可见领导的作用是毋庸置疑的，在阿米巴经营中也是如此。

"巴长"作为阿米巴单元的最高领导，在选拔时，应该考虑其作为领导的才能是否具备。熟悉阿米巴经营的运作却没有领导才能的人，可能更适合做助理。在选拔"巴长"的过程中，除了业务能力之外，还需要考察候选者以下根本性的资质，例如：

关爱之心：有关爱他人的正直、善良之心；

认清目标：积极深入基层进行交流，能够清晰拟定并传达阿米巴的经营目标；

公正无私：对工作一丝不苟、竭尽全力，拥有利他之心；

深沉厚重：谦虚谨慎、乐观向上、团队信服、关心企业发展的全局；

永不言弃：不因困难而轻言放弃，能够带动下属坚持到底；

勇于革新：善于学习，用于自我挑战，不断反省过去。

其中，关爱之心是最根本的秉性，唯有如此，才能萌生其他的才智。

2. 阿米巴"巴长"的授权

在授权的形式上，阿米巴采取的是量化授权形式。

不同于传统流程化的分权形式。量化分权是通过事前的周详计划、事中高效的绩效管理、定期的绩效评价和改进，实现完整授权。授权必须以年度经营计划为前提，同一个阿米巴单元的"巴长"候选人的选取，应该从计划发表会开始，即同级别候选"巴长"同时发表下一年的年度经营计划方案，由上级阿米巴"巴长"和所属阿米巴单元的巴员进行评定,择优任命。主要参考评定要素有往年度业绩、现在能力、未来潜力、巴员的认同度等。

在授权的水准上,视阿米巴的级别不同也有差别。对于米巴"巴长"常采取事业量化授权,而事业量化分权又分为不同水准,应根据不同阿米巴的级别高低给予不同的分权要求。

3. 搭建"三公"的"赛马平台"

这里的"赛马",就是建立一个给每个人相同竞争机会的机制,通过业绩来考察每个人的能力。需要注意的是,决不能只重视"赛"而忽视了公平、公正、公开的问题。

《马说》中言:"是马也,虽有千里之能,食不饱,力不足,才美不外见,且欲与常马等不可得,安求其能千里也?"虽然人才可以通过赛马来发现,但是如果"食不饱,力不足",人才难免被埋没。因此,一定要注意"赛马"的机制是否公平合理,杜绝"食不饱,力不足"的现象。

(五)开展独立核算

开展独立核算的第一步是导入经营会计。

这门工具使各种报表中的数据变得一目了然,极大地方便了内部交易,同时也使得各个阿米巴单元对自身的经营状况了如指掌,最终促成整个阿米巴体系的循环改善。

实行独立核算,还必然涉及阿米巴单元之间的定价管理。定价的基本标准是通过产品最终的售价来倒推或用其他的办法来确定各个阿米巴单元的产品价格,具体涉及经费的支出、劳动力支出、技术难度、市场平均行情等。此外,还涉及费用分摊的问题。

此类工作千头万绪,需要熟悉经营知识和市场情况的高层经营者来保证定价的公平与合理性,贯彻经营理念。

(六)建立制度保障体系与循环改善体系

阿米巴单元要根据市场情况不断调整自己,其诞生、分离、合并、撤销的发生较为频繁,因而一套控制阿米巴单元的各种调整动作的制度保障体系必不可少。该体系需要符合企业整体的经营策略，适应市场的变化，并尽量避免调整过程中徇私舞弊、随意拆分阿米巴单元等现象的产生。

循环改善体系是阿米巴能够最终获得成功的保障，若非如此就无法实现从粗放型阿米巴经营到精细型阿米巴经营的飞跃。即使已经完全实现了阿米巴经营，企业也需要跟随世界的经济潮流和科技的进步而不断进步，这样才能不被淘汰。

阿米巴经营的导入是企业的重大体制改革。改革是挑战，更是机遇，理解阿米巴经营推行的正确步骤，展开合理的方案而推进策划是改革成功最关键的第一步。

第六节　没有终点的循环改善

没有改善就没有阿米巴，要想实现基业常青，就必须把普通的事业发展成超群的事业。阿米巴经营不可能一蹴而就，但是如果永远在原地打转，同样无法真正实现。因此，导入阿米巴经营的同时，循环改善系统的建立非常关键。

一、阿米巴经营下 PDCA 循环的展开

PDCA 循环意味着一个螺旋式的循环改善过程，如图 6-1 所示。

阿米巴经营的循环改善系统以人力、信息、生产、财务、营销、研发、客服等为基点，采取 PDCA 循环的方式实现螺旋式上升，具体分为四个阶段：

（一）P 阶段（Plan）——计划

本阶段通过阿米巴会议进行阿米巴课题整理及专案管理来制定，包括四个步骤：

（1）选择专案：以改善经营为目的，选择合理的改善专案，明确各个阿米巴最重要的业务课题，可以把失败率降低到最小，进而降低投资项目的风险。

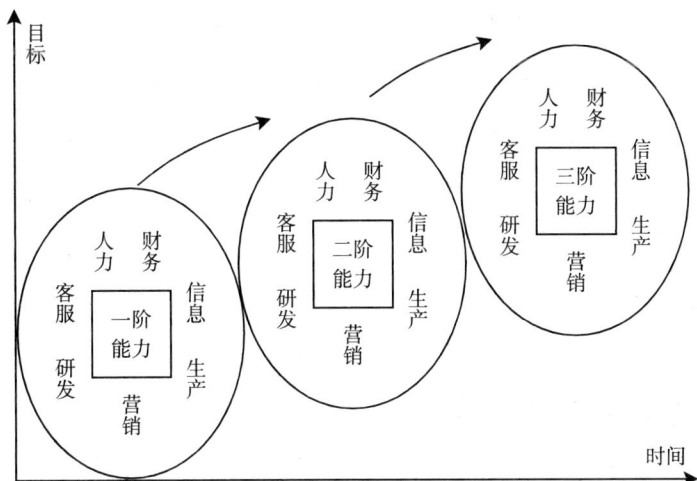

图6-1　螺旋式循环改善

（2）设定目标：规定改善活动所要做到的内容和达到的标准。目标要尽可能地用数字来量化，即使是抽象的目标，也要有明确的评判标准。

（3）提出各种循环改善的操作方案，并确定一个最佳方案。

（4）制定对策：将方案分解为具体的年度计划和月度计划，逐一制定对策，如在何处执行、由谁负责、如何完成等，必须非常明确。

（二）D阶段（Do）——执行

执行就是具体运作，实现计划中的内容。在阿米巴单元中，一个项目通常由5个人左右参与执行，并要求每个参与者在一定时间内完成部分文字工作，收集、记录原始和过程、结果数据并存档。之后，还会邀请相关人员进行评审，做项目结果分析。

（三）C阶段（Check）——检查

总结执行计划的结果，明确效果，找出问题。方案是否有效、目标是否完成，需要进行效果检查后才能得出结论。根据上一阶段的原始记录和数据，运用经营会计或单位时间核算表把完成情况同预期的目标进行比较，确认并分析其中的差距。

（四）A阶段（Action）——处理

根据"销售最大化、费用最小化"的原则，对检查的结果进行处理。对已被

157

证明的有成效的措施模式化或者标准化，以便进行推广；对于效果不显著的方案和实施过程中出现的问题加以总结，并将这一轮未解决的问题放到下一个 PDCA 循环，进行下一个循环的改善。

PDCA 循环是一个螺旋式循环改善的基础方法，不仅可以用于某个项目，还可用于整个企业或某个阿米巴单元。

在阿米巴经营中，通过员工不断质疑现有的做法，并对经营会计报表中反映出的问题进行分析，自发思考解决方案，循环改善也就由此而生。各个阿米巴单元可在符合企业的整体目标的前提下进行无限的循环改善，上一循环是下一循环的母体和依据，下一循环是上一循环的分解和保证。一个 PDCA 循环运转结束，意味着经过一次循环，解决了一批问题，经营水平有了新的提高。然后再制定下一个循环，再进行总结，提出新目标，进行下一次 PDCA 循环。各个阿米巴单元的循环改善又带动了整个企业大的循环改善，最终使得企业经营水平不断提高。

二、阿米巴经营与精益生产互动

PDCA 循环实际上是有效展开任何循环改善的基本方法，并得到了广泛的应用，取得了很好的效果。然而，人类的智慧是无穷尽的，还有一种追求完美、追求卓越，在永无止境的改善过程中获得自我满足的管理体系，这就是以丰田生产模式为代表的精益生产。

以丰田生产方式为标志的日本经营管理思想改变了 21 世纪全球制造业的秩序。目前，中国企业所面临的最大困扰不是设备、资金等资源的缺乏，而是缺乏如何使这些资源发挥最大的作用的经营管理系统。

很难想象，如果离开了类似于阿米巴经营方式的丰田公司，凭什么充分调动全体员工的主动性、创造性参与经营，展开无止境的精益改善。

在实际操作中，阿米巴经营的 PDCA 循环与精益生产是配套使用的，缺乏类似于阿米巴经营的系统经营体制，单靠学习精益生产的具体操作方法，是不可能将精益生产做到及格水平。阿米巴经营做到最后，一定能够带动高水准精益生产的实现。

下面，我们从精益生产基本知识开始，围绕阿米巴经营模式下如何推动精益生产的实现做简单介绍。

(一) 基本特点

与一般的生产体系相比，精益生产具有如下特点，阿米巴经营与之类似：

1. 准时化生产

丰田公司以最终用户的需求为生产起点，追求零库存。要求上一道工序加工完的零件可以立即进入下一道工序。京瓷的阿米巴经营也是根据订单进行生产，认为库存就是浪费，并把库存称作"路边的石块"，要求经常清理这些"石块"。

2. 全面质量管理

丰田始终强调质量不是检验出来的而是生产出来的，要求用生产中的质量管理来保证最终质量。生产过程中对质量的检验与控制在每一道工序都进行，并注重培养员工的质量意识，保证及时发现质量问题。

京瓷的阿米巴单元之间实行内部交易，其实就是促进在每道工序间实现质量严格把关。若输出的"商品"质量不佳，那么为其负责的阿米巴单元就会失去此次甚至之后很多次"内部交易采购"机会。这种内部交易制度促使阿米巴单元为了自己的"商品"获得与其他阿米巴单元进行交易的机会，必须严格保证产品的质量。

3. 团队工作法

丰田强调每位员工在工作中不仅是执行上级的命令，更重要的是积极地参与、主动改善，起到辅助决策的作用。

京瓷的阿米巴经营是"人人参与经营"的经营模式，这就要求员工能够一专多能，比较熟悉阿米巴单元内其他工作人员的工作，以保证协调的顺利进行。

(二) 理论框架

丰田式生产管理哲理的理论框架包含"一个目标"、"两大支柱"和"一大基础"。

(1)"一个目标"是指低成本、高效率、高质量地进行生产，最大限度地使顾客满意。在阿米巴经营中体现为以"销售最大化、费用最小化"为原则进行生产，为客户创造价值。

（2）"两大支柱"是指准时化与人员自觉化。精益生产的核心思想是消除生产过程中一切无效的作业和浪费，追求零库存的理想境界。对准时化生产的通俗理解是，实现"仅仅在需要的时刻，才按照需要的数量进行采购，生产出真正需要的合格产品，运送到需要的地方"。人员自主化则是人员与机械设备的有机配合行为。将质量管理变为每一个员工的自主行为，在工作的每个环节都进行严格的质量管理。任何人发现故障问题都有权立即停止机器，主动排除故障，解决问题。京瓷的阿米巴经营也是贯彻了即用即购的经营方针，全员主动参与经营改善。

（3）"一大基础"是指改善。改善是丰田式生产管理的基础，这一点与阿米巴经营所强调的完全一致，它包含三层含义：①工作中的每个环节，不管是从局部到整体，还是从整体到局部，永远都存在改进与提高的余地。在工作、操作方法、质量、生产结构和管理方式上要不断寻求改进与提高。②消除一切浪费。丰田式生产管理哲理认为不能提高附加价值的一切工作都是浪费，包括生产过剩、库存、等待、搬运、加工中的某些活动，多余的动作，不良品的返工等。③连续改善。以消除浪费和改进提高的思想为依托，对生产与管理中的问题，采用由易到难的原则，不断地、连续地改善、巩固、提高，以求通过长期的积累获得显著效果。

（三）关键原则

丰田式生产管理的关键原则归纳如下：

（1）建立看板体系。即改变传统的由前端经营者主导生产数量的生产方式，重视后端顾客需求，"逆向"地控制生产数量的供应链模式。在京瓷的阿米巴经营中具体表现为后道工序的阿米巴单元通过看板告诉前一项工序的阿米巴单元，零件需要多少，何时补货等。这种方式不仅能节省库存成本，更可以实现流程效率化。

（2）实时存货。依据顾客需求，在必要的时候，按照必要的量，生产必要的东西。

（3）标准作业彻底化。对生产每个活动、内容、顺序、时间控制和结果等所有工作细节都制定了严格的规范，如装轮胎、引擎具体需要多少秒，目的在于促进生产效率。

（4）排除一切浪费。排除生产现场的各种不必要的浪费，即排除任何一丝材料、人力、时间、能量、空间、程序、搬运上的浪费。这是丰田生产方式最基本的概念。

（5）重复最少问五次为什么。要求每个员工在每一项任何的作业环节里，都要重复地问为什么，以探寻问题的本质，最终能够回到问题的原点。

稻盛和夫也尤其强调回归原点，透过现象深入问题本质，实现对问题的根本性解决。

（四）实施条件

持续改善是精益生产的基础。推行精益生产首先从连续改善入手。因为改善是贯穿精益生产的整个过程。精益生产的实行需要有较高水平的管理基础来保证，如先进的操作方法，合理的物流系统，较高的员工素质等。

阿米巴经营也是在不断改善的过程中推行的，即从壁虎经营开始起步，通过不断改善而最终进化为阿米巴经营。

全员参与是精益生产的保证。精益生产的准时化生产、看板管理、全面质量管理等，所有这一切都离不开人的积极参与。推行精益生产，必须尊重人性，调动人的积极性，培养人的责任感和自主精神，促使人们脚踏实地地完成工作。

因此，如果丰田离开了类似于阿米巴经营的系统经营管理体制，以充分调动全体员工的主动性、创造性参与经营，丰田生产方式将不可能做到誉满全球。

（五）实施步骤

阿米巴经营方式下的精益生产推进一般遵循如下基本步骤：

（1）明确要改进的关键工序。首先应该先选择关键的工序，力争在某个阿米巴单元建成一个样板。

（2）画出价值流程图。价值流程图是一种用来描述物流和信息流的方法，可以作为发现浪费、寻找浪费根源的起点。流程图从原材料购进的那一刻开始，贯穿于生产制造的所有流程、步骤，直到终端产品离开仓储。在非生产制造部门，这种方法也同样适用。

（3）开展阿米巴经营会议。价值流程图必须通过经营会议付诸实施，否则规划得再巧妙的图表也只是废纸一张。阿米巴经营会议主要着眼于以下几点：消除质量检测环节和返工现象；消除零件不必要的移动；消灭库存；合理安排生产计划；减少生产准备时间；消除停机时间；提高劳动利用率。

（4）营造企业文化。传统企业向精益化生产方向转变，不是单纯地采用相应的"看板"工具等先进的精益生产管理技术就可以完成的，而必须使全体员工的理念发生改变，这才是根本之道。阿米巴经营中"敬天爱人"、"利他"等思想便深深扎根到了现场的每一位员工。

（5）推广到整个企业。精益生产着眼于整个企业，而不只是个别的阿米巴单元或几个工序。它利用各种工业工程技术来消除浪费，致力于改进生产流程和现场中的每一道工序，尽最大可能消除价值链中一切不能增加价值的活动，提高劳动利用率，消灭浪费，按照顾客订单生产的同时最大限度地降低库存。

阿米巴经营是一个永无止境的精益求精的修炼过程，不论是 PDCA 循环，还是精益生产，都是为了充分发挥人的潜力，将企业的经营做到极致。在企业内部形成良性的循环改善系统，是每一个希望持续经营的企业都必须要做的事情。

第七章

案例篇：自主经营激活 A 公司，阿米巴经营本土实践

为了能让企业更直接的理解阿米巴经营如何在本土企业中正确推行。

本章内容，将对道成智聚曾经辅导的本土 A 公司【理念+算盘】自主经营（SBU 级的阿米巴经营）的实践案例进行介绍，期待能够给大家带来更大的启发和新思维。

需要说明的是：由于【理念+算盘】自主经营属于系统经营辅导，它与传统模块化的咨询项目操作完全不同，涉及企业经营管理各方面的内容。而其中涉及 A 公司商业机密的地方，案例中做了适当的保留及调整。

项目背景：

2010 年，A 公司销售额规模始终没有摆脱连续 3 年徘徊不前的状况。随着经营成本的不断攀升，导致利润率持续下滑，市场竞争越来越激烈，原有对手发展步伐加快，备感压力。A 公司于 2010 年 3 月引入的企业执行力和人力资源管理咨询项目，在 8 月宣告失败，并停止运行，顾问离去，留下一阵热闹和一堆文件。此时，A 公司高层接触到了阿米巴经营的思想，在朋友的介绍下与笔者相识。周末 3 小时的交流，双方产生共鸣并达成一致意见，于是 10 月此项目顺利启动。

一、A 公司概况

成立于 1997 年的 A 公司，是一家集研发、生产、销售为一体的 D 食品辅料生产型民营企业，现有员工约 500 人。20 世纪 90 年代末，A 公司在国内率先打破美国某企业（跨国公司，行业内全球老大，以下简称"B 公司"）在该领域的技术垄断，在亲朋好友的支持下，利用十分有限的资金踏上了创业之路。到了 2007 年，A 公司以一线城市为驻点成立的办事处多达 20 多个，此时已经发展成为行业中无可争议的本土第一品牌，市场占有率从 0 到超过 25%，成为除 B 公司之外的行业唯一全国性品牌。

二、项目辅导周期

1 年：导入期 6 个月 + 运行改善辅导 6 个月。

三、咨询辅导效果

（一）"定量结果"举例

2011 年，A 公司销售额比 2010 年同期增长超过 50%，费用降低 5%，抵御住了主要原材料成本比 2010 年同期上涨了高达 26%，企业经营总成本上升 8%而带来的经营风险，公司经营净利润不降反升。

新事业进展：A 公司新的饮品事业在 3 年不见起色之后迎来新生，2011 年 6 月就完成了全年的销售额目标。

（二）"定性结果"举例

（1）A 公司的企业文化逐步从封闭、固守、怀疑走向开放、创新和信任，"高绩效"活性组织文化正在潜移默化的形成；

（2）企业家格局、意识、系统的思维能力及中高层的经营能力、经营态势均

得到显著提升;

(3)A公司高层将原来在经营过程中看不到的盲点都看清楚了,企业中高层在经营理念与策略上达成一致,学习型组织正在逐步形成;

(4)A公司员工的经营意识与能力(尤其是各SBU负责人)迅速提高,帮助企业推倒了"部门墙",实现了内部的"竞争与合作",更好地应对外部市场竞争,增强了企业体质;

(5)对人才能力和对企业的贡献实现了客观评价,从"相马"过渡到"赛马";

(6)老总从繁忙的事务工作中解脱出来,内部真正形成了可积累的T/S–IPD–CA经营循环改善。

第一节 A公司高速发展却突然遭遇瓶颈

D食品辅料行业中,凭借对D辅料产品的技术垄断,行业的全球老大——B公司可谓一枝独秀,进入中国市场10多年来几乎独霸市场。随着20世纪末本土A公司(见图7–1)的诞生和迅速崛起,市场"风景这边独好"的竞争格局被打破。

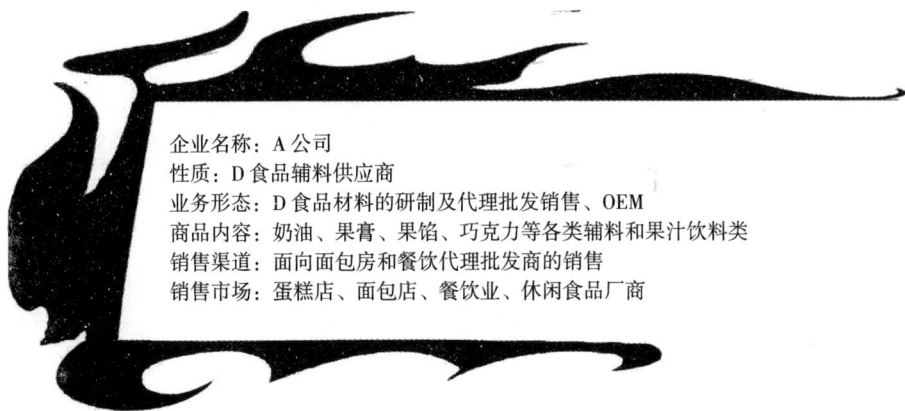

企业名称:A公司
性质:D食品辅料供应商
业务形态:D食品材料的研制及代理批发销售、OEM
商品内容:奶油、果膏、果馅、巧克力等各类辅料和果汁饮料类
销售渠道:面向面包房和餐饮代理批发商的销售
销售市场:蛋糕店、面包店、餐饮业、休闲食品厂商

图7–1 A公司的"名片"

一、7 年时间，A 公司从 0 做到国内第一

"小企业"与"大企业"的竞争，绝对不能按照大企业设计的既定市场规则玩，应想方设法撬动"游戏规则"才有可能出头，A 公司的成功正是如此。从 2000 年开始发力，通过改变行业一贯"游戏规则"和"服务创新"实现了第一次飞跃，之后又不断刷新着商业模式和销售业态。7 年时间迅速发展成为行业本土企业中无可争议的 No.1，市场占有率从 0 到超过 25%，成为除 B 公司以外的行业唯一全国性品牌。

A 公司的成功，主要凭借以下的一些创新举措，如图 7-2 所示。

(1) 改变商业模式，专设烘焙技术推广部，最先在业内以培训、演示会的形式传授糕饼的制作技术

(2) 实施"产品组合"战略，建立综合竞争优势

(3) 提供增值服务，在全国各大中城市设立办事处，打入细分市场，为客户提供多项服务

(4) 在全国范围内扩疆拓土，以对销售队伍的高激励驱动销量提升

(5) 采用世界一流的生产、检验及包装管理系统，获多国质量管理体系认证证书、出口食品备案证书

(6) 接连推出价格更低、品质更高的产品，打造规模化和成本采购优势

(7) 大打"健康蛋糕"的文化牌，增加原料中的水果比例以降低成本，打造差异化竞争格局

图 7-2　A 公司在业界的创新之举

二、内忧外患，A公司遭遇发展瓶颈

从 2005 年开始，A 公司的业绩增速开始放缓。2007~2009 年销售额更是连续三年徘徊不前。快速发展的 A 公司为何又陷入了增长瓶颈？我们从外部、内部两个方面来分析。

（一）从外部来看，A公司主要遭遇如下一些困境

1. 自己开创的"商业模式"被竞争对手模仿

从 2003 年开始，国内陆续出现同类型的其他区域性品牌，它们产品线狭窄，产品品种专注，这些企业每逢旺季开工，凭借价格优势受到当地市场部分中小型糕饼店的青睐。

这些企业当中，其中有几家逐渐在 D 辅料产品的生产技术上走向成熟，拥有了和 A 公司相近的产品品质。这些后起之秀开始不断从 A 公司挖掘各类人才，效仿 A 公司的商业模式拓展市场。

这个时期，D 食品辅料行业的利润空间相对比较高，加上竞争对手在当地的配送成本优势（需冷冻运输），他们通过价格优势很快蚕食了 A 公司的部分市场。

2. 产品被置换：A公司"种树"，竞争对手"摘果"

首先，A 公司通过常年开设"演示会"、"培训班"来培育市场、推广新技术。多年下来，为糕饼店的技术员能力提升提供了很大帮助。随着加工制作技术的不断成熟，以及被越来越多的技术人员掌握，糕饼店对 A 公司的依赖大大降低。

其次，制作工艺在短期内不太可能产生大的变革，整个行业的竞争趋向"同质化"。"除了一些非常坚定的 A 公司品牌拥护者，能够说服用其他品牌的我都说服他们换了。"某经销商说。

3. 无法掌控的经销商

既然是辅料，用量一定不会很大。它只占到经销商全年总销售额的 5% 以内，属于顺带销售，所以不存在独家代理，也不存在话语权的问题。

品牌、服务、物流配送、价格成为影响客户购买选择的最关键因素。A 公司

给经销商的利润空间比 B 公司低，相比其他公司也没有任何优势。

原因很简单：

B 公司不需要技术服务和太多的销售人员，完全通过品牌拉动，而且"高品质自然高价格"的形象早已在客户心中扎根。所以给经销商的利润空间会比较高。

其他公司在当地有物流优势，这个行业由于需要冷冻运输，物流成本很高，所以他们也能够给到经销商相对实惠的利润空间。

经销商一般都是利益导向，由此导致 A 公司的客户很容易流失。加上原有的服务模式也已经被模仿，竞争优势逐渐丧失。

4. 产品"组合拳"战略彻底失败

由于推行"组合拳"战略，A 公司在行业内拥有了最齐全的产品类别，除了 D 辅料产品拥有高、中、低不同档次之外，还拥有其他辅料类别的产品，但每一类产品品质都处在行业第二的位置。

A 公司决策层的初衷是希望通过"组合拳"战略实现各类产品在客户端产生"综合应用"，以便在业内建立强大的综合竞争优势。

最近几年的推行结果表明，"组合拳"战略并不成功。反而还导致各产品都处于"前有堵截，后有追兵"的状态，A 公司陷入了"以一敌众"和产品"单对单"的被动竞争。

5. B 公司开始有步骤地推进"行业洗牌"

从 2010 年开始，B 公司趁着食品原材料及国内企业用工成本的飞速上涨的市场时机，首次在业内推出了 D 辅料的低端产品，试图实现行业洗牌，将国内的区域性品牌的中小企业同行淘汰出局。

凭借其优良的品质、强大的品牌影响力以及多年建立的优质客户关系，很有成效，这不亚于在行业内投放了一颗重磅炸弹。众多区域型的中小企业"中招"，A 公司 D 辅料的中低端产品市场也受到直接冲击。而这一部分占到 A 公司总销售额的近 30%。

6. 利润率逐年下降，原材料价格飙升，原有利润"蚕食一空"

全球经济复苏缓慢，大宗商品的价格却涨势"喜人"。由于食品行业原材料普遍是农产品，属于大宗交易，与期货行情紧密相关。

尤其从2010年第二季度开始，A公司开始感受到了明显的原材料成本上涨压力，所有类别的原材料交替上涨，有的价格涨幅甚至达到200%以上。

根据2011年第一季度的组织业绩分析结论，第一季度主要原材料等成本比2010年同期上涨了26%。

原有的利润空间几乎被"蚕食一空"。

（二）从内部来看，A公司缺乏系统经营体制，内部管理错综复杂

大部分企业通常都会犯一个同样的错误：试图用制度、流程来管理和约束员工。然而结果表明，这样做往往"事与愿违"。在创业初期，不需要什么制度，企业领导人的"理念"与"策略"都可以得到有效贯彻。如果说随着企业的发展壮大，一些制度和流程变得"必不可少"，那么，它们存在的根本价值只有两个："贯彻经营理念"和"培养人才"。

起初，凭借大家的创业热情，不需要什么管理制度，A公司领导人的"理念"和"策略"都可以得到有效执行。如今随着公司发展壮大，员工人数增多，创业激情也渐渐消失，问题开始逐渐显现。

2007年之后，A公司决策层对公司的管理越来越感到困惑，甚至有些"力不从心"。

接下来，我们列举一部分A公司在管理过程中遇到的困惑：

1. 困惑一：尽管对销售人员做了很多宣传和教育，但"组合拳"战略几年都没落实下去

主要问题点：

（1）销售人员只看眼前利益，不太关注公司中长期发展；

（2）大家挑客户容易接受的产品卖，不愿意卖新产品；

（3）新产品的销量指标"压不下去"，销售人员找一大堆理由告诉高层"不可行"；

（4）业务人员"选择性汇报"，专挑对自己有利的情况汇报，长期下来，造成高层对市场状况和竞争对手动态都"知之甚少"，以至于无法拟定确切的市场政策；

（5）高层不好强硬施压，一方面自己心里没底，另一方面销售骨干都是"老功臣"；

（6）新员工到来之后对老员工利益上的冲击，待不了多久就很快被老员工排挤；

（7）高层很少亲临销售一线，因为去了也更多的是听大家诉苦。

2. 困惑二：难以掌控集权与分权的最佳平衡点，高层忙于"救火"，人才成长慢，新事业也不顺利

主要问题点：

（1）研发、销售、生产、储运、技术服务、行政后勤等，各个部门都随时可能出现问题，大事小事个个都紧急；

（2）明明事情已经授权，但下属还是不停地请示；

（3）需要各部门共同协调完成的事情，总是得老总亲自协调；

（4）同样的问题看似今天已经解决了，过段时间又重复发生；

（5）老总也想充分授权，但制度不健全，对人才的能力也不知如何评价，很难真正实现；

（6）无法识别和留住真正的人才，难以掌握集权与分权的最佳平衡点；

（7）缺乏一套完整的新事业开发思路，也无法制定有效的组织架构和制度与其相匹配；

（8）人才能力提升缓慢，在人才的选择和任用上也不清晰，老总难以找到"替身"。

3. 困惑三：客户要货缺乏规律，无奈在全国设置多个中转仓，物流成本居高不下

主要问题点：

（1）储运部不理解："为什么对这些客户一个月要送4次货，不能集中在一次或者两次送完吗？"销售人员回应："和客户说过很多次，我也没办法，总不能够命令客户吧。"

（2）运输成本居高不下，如果发货能够变得有规律，减少临时"补单"，不但可以减少工作量，还可以大大降低运输费用。

（3）由于不能及时满足供货需要，在全国范围内设置了多个中转仓（冷库），每年增加的开支约 200 多万元。

（4）全国范围内增加多个"外仓管理员"岗位，不但导致人工费用提升，也增加了储运部的管理难度。

4. 困惑四：每年制定"销售费用"预算缺乏明确标准，经营成效如何也难以确认。

主要问题点：

（1）到底需要多少销售费用才合理，公司并不清楚，往往是"会哭的孩子有奶吃"，各区域经理千方百计争取更多的销售费用；

（2）高层有时候觉得费用使用不太合理，但拿不出有说服力的理由；

（3）大家都知道"节约销售费用就是公司利润"，知道并不代表就会努力去做，虽然销售费用每年都不会超标，却总是只比预算少"一两百元"以表诚意；

（4）各个区域的市场难度如何比较？理应难度高费用多，但事实上没有量化判断标准，不管怎么分派各区域经理都觉得"不公平"；

（5）区域经理对各办事处的费用缺乏管理，"用公司的钱做好人"的现象严重，大部分的费用都浪费在毫无目的的人员差旅当中。

5. 困惑五：赠品管理失控，企业成本每年在上涨，"产品涨价"遭遇销售人员联合阻挠

主要问题点：

（1）销售人员不停地反馈类似信息，"竞争对手已经每 100 箱送 15 箱，公司也应该加大赠送力度"，"竞争对手的产品降价了，我们也降价吧或者再多给些赠品"，不然产品很难卖；

（2）竞争对手的产品"涨价"，销售人员是不会向总部汇报的；

（3）采取销量考核，"涨价"势必增加销售难度，对销售人员的奖金造成直接影响；

（4）只考核销量和费用，利润就成了总部的事情老总的事情，与销售人员无关；

（5）每每回总部汇报工作之前，各大区都会相互通气，以保持口径一致，给高层人为制造信息屏障，公司高层的"指令"无法贯通到客户。

6. 困惑六：工厂的"提案"、"改善"虽然每年都有，公司奖金付出不少，总成本却"不见下降"

主要问题点：

（1）公司设立了"成本改善项目奖"，工厂申报"改善方案"的出发点更多是为了"拿奖金"；

（2）总部难以准确判断"改善方案"的实际价值，几年下来奖金付出去不少，实际运作成本却不见下降，造成现在不太敢轻易同意"改善方案"；

（3）近几年，工厂的氛围也变了，员工在改善之前都要先问问，有奖金吗？

（4）到底如何才能有效地开展"改善计划"，A公司很迷茫；

（5）对工厂的KPI考核指标主要是产量提成，质量和成本占的比重比较低，但是这几个指标都是相互关联，缺一不可的，如何同时兼顾到各方面？

（6）加班费居高不下；

（7）大批的配件原可以在修缮之后重复利用，但往往作为废品处理掉，浪费巨大。

7. 困惑七：部门之间各自为政，一有问题就相互扯皮，造成严重的内耗

主要问题点：

（1）企业缺乏系统经营的原则，对各部门行为的对错缺乏"明确判断标准"；

（2）年度经营计划在员工看来是一种"束缚"，难以有效的"贯彻始终"，各部门习惯站在自己的角度开展工作，找各种理由调整和否定计划；

（3）企业经营的系统政策不明确，缺乏统一的"方向性指引"；

（4）各部门之间缺乏清晰配套的流程（也曾经找外部机构帮助企业梳理过流程，但成果被"束之高阁"）；

（5）部门职责不清晰，出现"管理真空"（也曾经梳理过部门职责，其实很

难梳理完全，最后成果也被"束之高阁"）；

（6）考核系统不健全，各部门缺乏主动协调的意识。

8. 困惑八：制度朝令夕改，考核先后推行六次都不成功，影响员工士气

主要问题点：

（1）重视企业管理的工具和方法论，试图用制度去管理员工；

（2）"头痛医头，脚痛医脚"。不断地制定各种制度，用来救火补漏；

（3）制度一大堆，今天改，明天变，首先员工记不住，其次还打击了员工信心；

（4）拿绩效考核制度来说，先后修订了6次，推行了6次，最终全都以失败告终；

（5）KPI绩效考核工具系统复杂，表格多、指标多，不但考核成本高，每个指标都对最终的工作业绩产生或多或少的影响，员工反而"顾此失彼"。

三、找出问题根本，A公司寻求"系统解决之道"

过去的几年中，困惑的A公司高层接洽过众多咨询、培训公司，读遍MBA、EMBA和各类的总裁班，只为破解一个终极问题：A公司"问题的根源"在哪里？如何解决？

不同的专家从不同的角度给予不同的答案："战略问题"、"职责与考核激励问题"、"组织与流程问题"、"销售和物流系统问题"、"财务和信息系统问题"、"企业文化问题"……乍听起来，A公司的每一个模块都有问题，不能识别"问题根本"，就无法彻底解决。

企业经营是一门"实践性"的"系统工程"，从点上解决问题可能"按下葫芦浮起瓢"，甚至长期来看还会起到反作用。在过去的几年中，A公司也在不断谋求"解决之道"，但"模块化"的指导老师和解决方案非但没能帮助A公司真正解决问题，时间一长还起到了反作用，A公司不但为此耗费了大量金钱，差点就错过了"最佳改革期"。

2010 年，A 公司高层偶然看到稻盛和夫写的《阿米巴经营》一书，对其阐述的全新经营思想产生了浓厚兴趣，从中获得巨大启发。同年 10 月，A 公司正式邀请笔者为其导入【理念+算盘】自主经营，以量身定制符合 A 公司自身特点的阿米巴经营模式。

第二节　注入【理念+算盘】经营真谛，高层率先转变（脱胎换骨）

阿米巴经营其本质是【理念+算盘】自主经营，是经营达到最高阶段的一种状态。因此，中国企业要想迅速构建出适合自己的阿米巴经营模式，避免不走弯路或少走弯路，就需要从学习和掌握【理念+算盘】开始。

记得 2010 年 1 月稻盛和夫答应接手破产日航后，在一次采访中曾说道："只要注入经营真谛，日航一定能够重获新生。"也就是说，稻盛和夫在帮助日航构建适合的阿米巴经营模式之前，需要首先为日航传授"经营真谛"。

同理，笔者在为 A 公司量身定制阿米巴经营时，这个过程也必不可少。

从 2010 年 10 月开始，道成智聚的经营专家开始组织 A 公司的核心高层系统学习【理念+算盘】自主经营原理的内容。

传授的主要内容包括：经营哲学和经营理念、经营科学的原理、经营哲学到经营科学的过渡、经营政策的原理、经营体制的原理、企业经营的原则、经营所必须用到的会计学（即：经营会计和内部交易会计）、从经营理念到年度经营计划等。

整个时间持续了 3 个月。除了 5 次（每次 3 天，共 15 天）的系统专业训练外，还有大量的案例分析和 A 公司自己企业的课题研修报告。

刚开始讲经营哲学部分的时候，A 公司高层的部分人员认为这只是空洞的大话。没过几天，所有人的精神状态完全改变了，非常认真，听课时的眼神也变

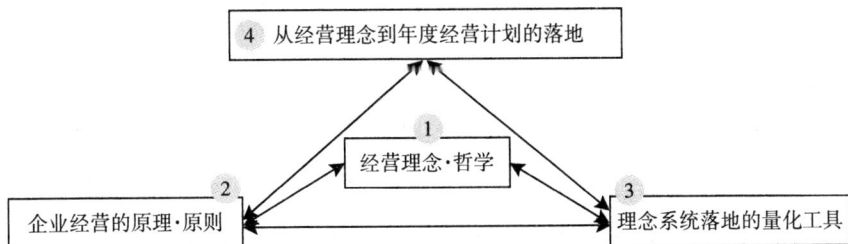

图7-3 【理念+算盘】自主经营落地涉及的四大板块

了，经营者的意识开始建立，系统经营的思路开始清晰。而且所有参加学习的人都变得非常有集体责任感，大家也变得非常容易理解对方所要表达的意思，课堂上与老师一起互动交流、一起研讨，大家很快都迈入了"经营的大门"，这样的培训是A公司从未有过的，团队学习的效果非常好。

A公司老总这样说道："学习完老师讲授的15天课程内容，并按照要求完成课题报告，自己之前在经营管理领域遇到的困惑终于找到了答案，企业的方向及从理念到战略、战术、战斗的整套落地思路全部清晰。现在我全身轻松，经营不是一种压力，而是成为一种乐趣。"

在三个月的时间内，A公司在老师的带领下，完成了对于企业经营理念、愿景、使命的提炼。同时基于对市场需求的深刻理解和行业发展走势的正确判断，A公司制定了未来的发展战略与业务规划，并明确了应该如何去一步一步实现这些梦想（即长中期经营计划），大家一致表示要为达成企业经营一致的目标而努力拼搏。

由于涉及客户企业隐私，在此仅列举其中部分的定性与定量中期规划：

2015年中期战略目标：文化食品多元化扩张。

（1）定性方针·目标：实现以休闲食品辅料为基础和文化食品运营的多事业经营的企业集团；

（2）定量目标：销售额10亿元，经营利益2亿元，组织规模1100人。

2013~2014年战略目标：文化食品事业模式成型期。

（1）定性方针·目标：达成辅料事业的No.1，构建新的文化食品企划运营事业；

（2）定量目标：销售额 5 亿~6 亿元，经营利润 9500 万元~12000 万元，组织规模 680~700 人。

2011~2012 年战略目标：辅料事业的成熟期。

（1）定性方针·目标：辅料事业的成熟，以食品辅料大型客户为标杆，中型客户为核心，OEM 为辅助，带动品牌大客户 ODM 事业的发展，促进多业态和事业关联竞争；

（2）定量目标：销售额 2.8 亿~3.5 亿元，经营利益 4300 万~6300 万元，组织规模 520~620 人。

同时，财务部门的改革也在同步进行，A 公司的《经营会计报表》在老师的辅导下迅速制作出来。

经营会计报表的呈现，让 A 公司中高层一目了然，看清了企业经营的实际状况。

"稻盛和夫说，企业经营离不开指引方向的'指南针'。以前公司也有会计，但是概念晦涩难懂，那些报表不能够很好地呈现出经营的实际状况。不要说各部门负责人了，就连我也不大看得明白，也不大愿意看。现在不用专业的财务知识，每个人都能够看清楚自己做得怎么样，用事实数据说话，一切变得简单多了。"A 公司老总说道。

在《经营会计报表》的帮助下，结合老师传授的经营原理·原则，A 公司中高层迅速实现了从"定性"和"定量"两方面对本企业进行"自我诊断"。

"我们任何人都在行业里摸爬滚打超过 5 年，对于行业和自己企业很熟悉。我们也知道企业存在这样那样的问题，但是以前缺乏这种清晰的系统思维，也没有这么简单好用的会计报表，因此大家很难达成一致，公说公有理，婆说婆有理，总经理他也很难统一大家的思想，现在的情况完全不一样了。"A 公司某部门负责人说。

集中大家的智慧，A 公司迅速明确企业最迫切需要解决的经营课题。其中有一些战术、战斗层面的改善，大家在回到工作岗位之后立刻协调解决。

阿米巴经营推行的系统方案也在老师的指导下按部就班地进行着。

需要说明的是：企业绝对不能为了推行阿米巴而推行阿米巴，必须从问题出发。

为此，在学习过程中，笔者尤为强调和 A 公司高层明确引进阿米巴经营的原则与目标，并就此达成共识，具体如图 7-4 所示。

改革原则：兼顾 A 公司的短期收益和长远发展，实现平稳过渡
①清晰企业核心能力及优势和企业未来发展方向
②巩固企业竞争优势，革新业态战略
③促进新事业开发进程
④尽可能的化解成本上涨压力，保持经营利润
⑤构建"量化分权"的体制，培育经营人才，实现老总解套
⑥成就"活性化"组织，形成富于创新、高绩效的企业文化氛围
⑦构建起 A 公司自己的【理念+算盘】自主经营，实现可积累的 T/S-IPDCA 经营改善循环

图 7-4　A 公司引进阿米巴经营的目标

3 个月下来，A 公司的高层经历了脱胎换骨的转变，经营意识和能力均大大提升。尽管大家都知道，在未来的阿米巴经营模式下，一切用事实数据说话，工作上的要求和付出一定是比之前更高，经营目标的实现也任重而道远，但压抑心头多年的困惑骤然得到释放，反而觉得轻松了许多。

心中有了正确的登山路，又有志同道合的人结伴而行，还担心到山顶的路途遥远吗？

第三节　导入经营会计，彻底看清企业实际状况

经营会计是阿米巴经营落地的必备系统量化工具，它的特点是简单、易懂、易用，能够帮助经营者一目了然地掌握经营的实际状况——看清、看透、看系统，贯彻经营者意志。

在项目开始的第二个月，笔者开始为 A 公司量身定制符合自身业务特点的经营会计。

在这套经营会计的帮助下，A 公司经营者理清了企业的业务构造和事业构造，并建立起了相匹配的、清晰的经营组织系统。

一、清理企业的业务构造

每个企业都是由多个业务板块组成，随着企业的发展壮大，如果企业的业务结构不清晰就会造成一连串的弊病，比如经营策略不清、组织体系不明确，以至于内部管理不顺畅等问题都可能随之产生。

A 公司有哪些业务板块？业务构造是否符合企业整体发展及战略需要？哪些业务发展前景不明朗，目前最好不介入？哪些业务之间是相辅相成的关系？哪些业务之间不能很好地形成合力？这些都是要求经营者掌握的。

经过经营原理和经营会计的学习，A 公司经营者与老师齐心协力，将本企业的业务结构整理出一张结构清晰的图（见图 7-5）。之后，又根据企业市场竞争力构造模型图加以分析，对每项业务进行客观评价，确定其价值和重要性级别。

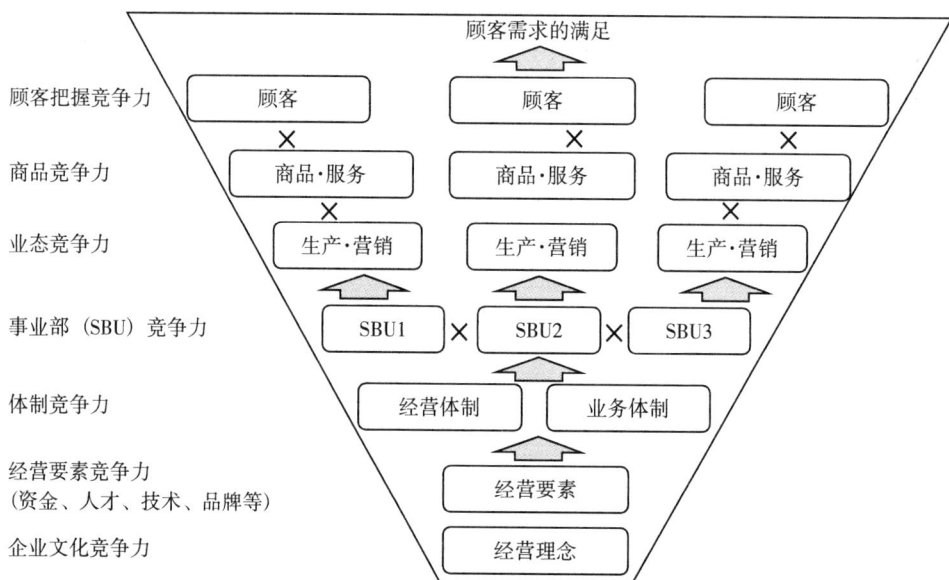

图 7-5　企业市场竞争力构造模型

经过这样的系统分析，A 公司的整体经营思路变得尤为清晰，即使当某些业务之间发生冲突时，经营者也可以分清轻重缓急，有条不紊地予以解决。

最后，A 公司确定了业务的优化与整合，实现了市场细分，从销售模式和渠道、品牌、商品组合等方面进行了重新构造，明确了阿米巴经营体系构造的大方向。

二、明确事业单元（SBU）构造体系

阿米巴经营的本质是一套量化的赋权管理模式，细分组织的核心目的之一是为了贯彻经营者的经营意志。为了实现这一点，进一步清晰经营的策略，并正确划分出企业的 SBU（战略性事业单元）必不可少。

量化分权意味着循序渐进的赋权管理，阿米巴单元的划分贯穿于每个阶段的工作中。所以根据企业性质、规模、发展阶段的不同，阿米巴小集体的大小会有所区别，划分时间也不同。

根据划分阿米巴小集体所需要的时长，对阿米巴经营各阶段的"完工时间"进行探索与总结：壁虎经营只能完成事业单元（SBU）量化分权，通常 4~8 个月即可完成；蚯蚓经营中进行的是微事业单元（Min-SBU）的量化分权，在此过程通常需要 8~15 个月即可完结；最高级的阿米巴经营是分权最细化也是最灵活的，即细胞事业单元的 Cell-SBU 量化分权，需要 15~30 个月才能大功告成。

要做好阿米巴，企业最好在初期就将组织细分为一个个事业单元 SBU，为后期进一步建设更加细分的阿米巴单元做准备。

相对真正的阿米巴单元而言，事业部"体型"较庞大、结构比较固定，对经营哲学的贯彻也相对容易，对经营会计工具的使用也才刚起步。因此其建立、划分其实一点都不复杂。很多时候，企业在不自知的情况下，早已显现出部分围绕事业单元经营的雏形。

以沙钢集团为例，可能它的经营方式没有以阿米巴经营命名，但实际上也是往这方面看齐的。沙钢的班组建设已达到较高的水平，每个班组都有对应的利润

或费用指标，因而每个班组即为一个标准的 Cell-SBU，每个分厂是一个 Min-SBU，每个二级厂即为一个 SBU，我们大致这么来理解。同理，在其他企业，整个公司是一个最大的阿米巴，企业开发的其他项目或分公司也各为一个 SBU，并依此不断深化。

那么，这是否意味着 SBU 的划分有极大的随意性？其中有哪些要注意的情况呢？每个企业中的小集体有很多，但如果不能满足某些条件，就无法视为独立、完整的 SBU。例如，属于支持阿米巴经营的经营管理部门，而其他一些功能完整、能够独立核算、独立完成业务、能贯彻企业整体目标和方针的整体则可以划分成 SBU。

经过指导，A 公司顺利完成了 SBU 事业单元的构造体系划分。虽然这只是对企业的初步划分，是 A 公司走上阿米巴经营初级阶段——壁虎经营阶段的一个表现，并不代表量化分权的全部意义，但足以给 A 公司的经营带来巨大飞跃，也为之后两阶段的量化分权工作打下坚实基础。

三、明确 A 公司的组织结构

企业的组织建设也是决定阿米巴经营成败的关键。

当 SBU 事业单元初步划分完毕后，A 公司对自身的组织架构进行彻底清理，明确岗位编制和人员安排，以便后期管理，如图 7-6 所示。

在各方的努力之下，A 公司 SBU 量化分权的阿米巴经营体系已基本搭建完毕。通过《经营会计损益表》的使用，A 公司经营者欣喜地发现阿米巴经营第一阶段搭建完成后，企业迅速突破了 3 年来销售额徘徊不前的局面，2010 年实现销售额同比增长接近 15%，第四季度净利润同比增长 20%。

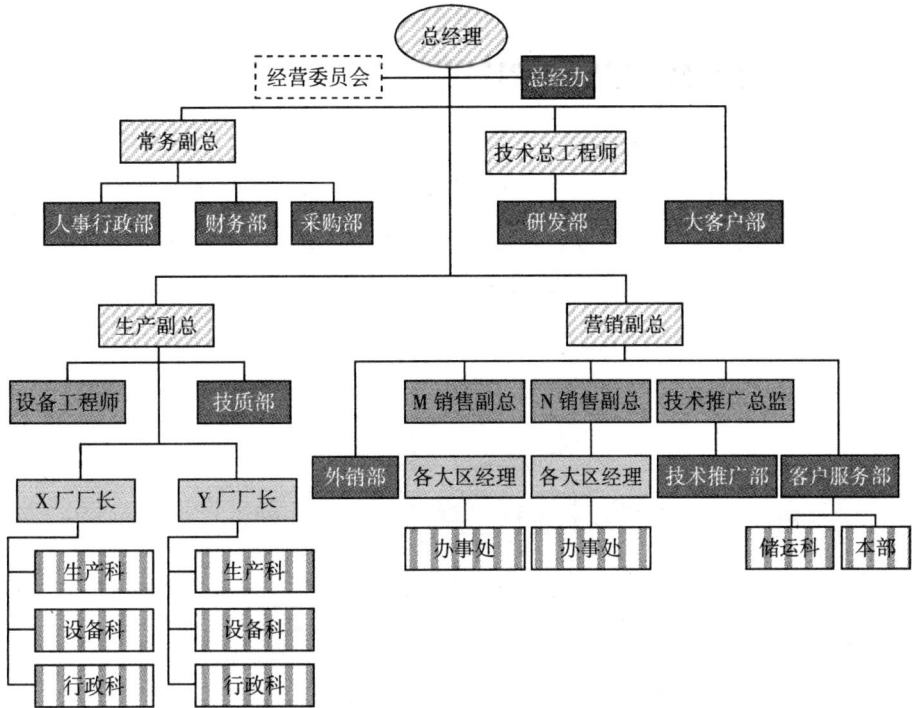

图7-6 A公司2010年底梳理后的组织架构

第四节 以年度计划为起点，建立二元制绩效评价系统

阿米巴经营模式下，经营组织可以根据市场的灵活变化而时刻调整。

因此，每个阿米巴组织的设置、内部交易、内部定价、业绩评价都需要因地制宜、因时制宜。"因地制宜"就是根据各企业自身情况，量身打造阿米巴体系架构；"因时制宜"就是因时而变，主要是随各个时段的经营计划而变动。

一、启动 A 公司年度经营计划

"计划能力的高低"是一个企业"经营水平高低"的直接体现，这个问题重点涉及如何制定有效的年度经营计划（见图 7-7）。那么，经营计划从何而来？

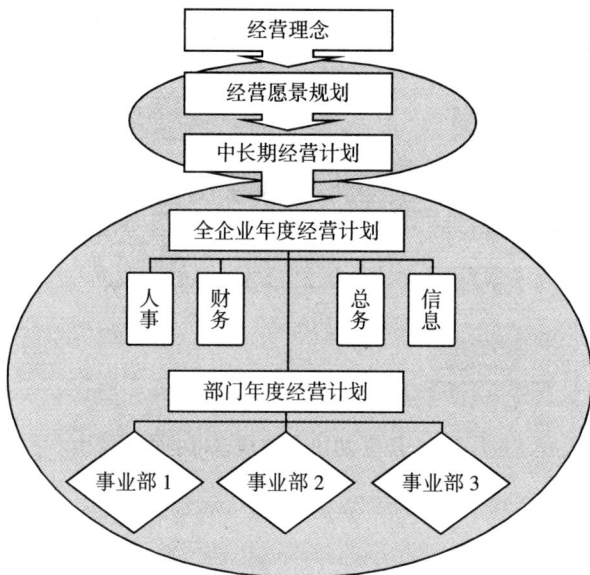

图 7-7　经营计划的"来龙去脉"

如图 7-8 所示，没有年度经营计划的正确制定及实施，阿米巴经营体系的搭建、运营就没有根据与方向，也不利于培养员工的经营意识、提升经营能力等。

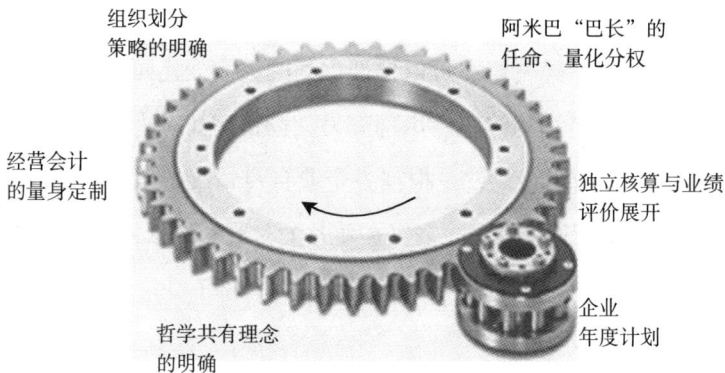

图 7-8　年度计划对企业自主经营的传动作用

在道成智聚的指导下，A公司行动迅速，很快就对公司、生产、销售等各部门的计划按阿米巴经营的特性做了梳理，得出了整体的经营计划。

二、调整绩效考评系统

如果说年度计划是拉动阿米巴经营的牵引力，那么绩效考评系统就是作用于阿米巴经营的推动力。

绩效考评系统是企业里最直接体现经营理念的一套制度体系，也是和全体员工最密切相关的一个系统，员工的实际感受和具体行动最能够体现出考评系统的合理性。因此，企业需要以阿米巴经营的理念来指导绩效考评系统的建立，核心体现在阿米巴经营的目的——"人才培养"与"循环改善"上，如果不能在实际运用中支撑这两点，那么阿米巴的理念和制度就是两张皮。

阿米巴经营采用的考评系统是一种被称为"二元制"的HR考评体系，这种二元制的HR考评系统的建立对于企业实现阿米巴经营具有强烈的必要性。

让我们看看，它与传统的KPI考评到底有哪些不同，如表7-1所示。

表7-1　传统KPI考核与阿米巴考核的不同

	传统KPI考核	阿米巴考核
考核起点	人性本恶	性本善，人本俱足
考核原则	以事为重、现时结果、利己个体	以心为本、人事两面性、长短兼顾、利他整体
考核方法	事件、能力、绩效KPI	理念、能力、绩效KPI
考核内容	强调人的能力，轻视理念	人的理念和能力并重
考核运用	直接以工资奖惩为主，劳资交易	改进绩效，不与工资直接挂钩，建立信赖
考核目的	体现现在绩效	对将来绩效改进的预期
考核结果	强调定量的得分结果	强调定性的经营能力
考核实施	人力资源推动	经营管理部和人力资源部
部属接受	被动、反抗	主动、合作
考核指导	注重结果，过程弱化	绩效过程辅导，兼顾结果
考核工具	众多复杂表格	围绕《经营会计报表》

在没有导入二元制的HR考评系统之前，A公司原有的KPI绩效考核体系推行了6年都以失败告终，其中呈现出种种的问题。比如说：

（1）KPI考核项目多，指标也多，甚至把属于企业文化的内容都列入考核项目，但这些项目难以确定量化指标，量化指标的相关数据难以获取，也带不来绩效。

（2）生产系统和营销系统的计划协调不畅，因而生产部门的考核只看产量，导致仓库内货品积压，最终结果是 A 公司无法计算生产部门对利润的贡献。

（3）企业把注意力只放在产量、提成等关键绩效指标上，难以兼顾对质量、成本等其他绩效指标的数据收集、整理和分析，将导致各种不经济行为的出现，比如大批的配件本可以在修缮之后重复利用，但往往作为废品处理掉，造成了巨大浪费。

（4）看起来绩效管理制度完善、考核表单众多、考核流程完备，其实过于繁琐、难以执行，引发的后果是不列入目标的工作或者职责没有人做，即使列入考核范围的工作也总有遗漏或偏重。

（5）员工只注重个人眼前利益，没有注重到考核的目的——企业利润。因此倾向于提出易实现的目标，做能迅速出成果的工作，指标难以实现的工作没人做。因为即使不做，对个人考核分也影响不大。最后，员工奖励增加了，但公司的利润反而没见提升。

（6）受销售部门考核指标的影响，经销商的生存空间受到挤压，除了向业务员施加压力传达对"政策照顾"的渴望之外，就只能囤货、杀价、串货了，代理积极性减退，员工自身销售开拓也越来越难。

切忌小看这些问题，它们是导致 A 公司策略难以落地的重要原因之一。

KPI 考核方式让员工只注重个人眼前利益，无人关心企业的中长期发展；只注重销量、销售额的考核，谁都不愿意卖需要付出数倍努力、收益只比老产品略多的新产品；KPI 绩效考核的漏洞，导致员工在部分重要事项上撒谎也不会被察觉，因此业务人员"选择性汇报"，专挑对自己有利的汇报甚至弄虚作假，久而久之，对企业文化氛围造成严重破坏；A 公司成本每年在上涨，"产品涨价"却遭到销售人员一致反对，还导致高层对市场状况和竞争对手动态都"知之甚少"，最后连确切的市场政策都难以拟定。

企业推行阿米巴经营，如果不匹配合理的绩效考评体系，也必然不会取得好的效果。

二元制绩效考核系统如何能解决现有的绩效管理问题及其衍生问题？答案就是回归原点，回归绩效的真正意义——"培训人才"与"循环改善"。

尤其值得强调的是，企业在推行绩效考评体系之前，首先要构建好合理的组织绩效评价体系，如果脱离了组织绩效评价而直接进入个人绩效考评，这样的考评系统将永远是空中楼阁。

A 公司经营者以钢铁般的意志、强烈的使命感，克服种种困难制定全新的年度、月度计划，让企业内部的各个 SBU 事业单元有了明确的自主经营目标。

之后，又经过上下反复沟通，确定了获得整体认同的组织绩效分析及评价系统，并以此为基础构建基于公司整体绩效的员工个人考评方案，让一切的经营行为直接应对组织绩效的改善。员工的个人收益也与公司的整体利益挂钩，全公司上下形成精神共同体、目标共同体、利益共同体，瞬间激活了员工的经营意识和主动性。

第五节　量化分权，建立共担经营重任的组织

一、量化分权需要责任与权力同步下放

企业越来越大，不分权是不现实的，企业需要把握分权与集权的最佳平衡，实现权力与责任的同步下放。

A 公司在导入经营会计的量化核算分析系统后，将利润目标与经营权力一起下放给每个 SBU 阿米巴单元。A 公司紧紧抓住年度经营计划，并按月度进行核算管理。以前会计报表要个把月才能上报，现在要求下个月 10 日前必须拿出上月的经营报表并上报，且每笔业务都必须有最真实的数据记录，确立一个可视化

的、每一位成员都能够实现一致理解的标准。

《经营会计报表》中的数据不仅要全面，且对损耗、折旧和利息均要计算，还必须简单易懂，以便让各个阿米巴领导都能够了解到经营的实际进展情况。

图 7-9　权力越大，责任越大

在透明化经营的环境下，要求不但是压力更是一种动力，更是强化每一个阿米巴进步的有力武器。

在给予压力的同时，A公司高层也没忘记给各个阿米巴打气。在日常管理中，他们将"日省、感恩、日善、利他、日清、共识"等理念灌输给每个阿米巴单元，每个领导者同时也担当指导专家的角色。为了完成计划中要求的结果，领导更加需要在经营过程中给予指导。

正是通过这样的赋权管理，大家欣喜地发现，以"最小的成本换取最大收益"的活性组织文化正在A公司中萌芽。

当每个阿米巴都以组织绩效最大化为导向，每个员工的积极性、整体意识、大局观念都被调动起来，A公司的企业文化逐步从封闭、固守、多疑变为开放、创新、互信。

"精诚所至，金石为开。"

经营者的汗水很快换来了A公司业绩的突破。第二年（2011年）第一季度核算中，A公司销售额比2010年同期增长近50%，超出计划约13%；在同期因原材料大幅上涨造成制造成本提升5.49%，油价上涨造成运输费提升0.73%的情况下，通过大家的共同努力，其他各类费用总额同比降低也超过5%，基本完成了计划的目标利润。与2010年同期相比，公司第一季度经营净利润提升近30%，抵御住了主要原材料成本比2010年同期大幅上涨而带来的直接经营风险。

二、搭建 Min-SBU 微事业量化分权

A 公司在老师的引领下，沿着 SBU 量化分权的原理开始进行阿米巴经营的第二个阶梯的攀登——蚯蚓经营，即将阿米巴经营的体制几乎完全复制过来，代表着量化分权工作迈入新高度。与之前的壁虎经营相比，蚯蚓经营通过量化分权，在扩大经营者的人才储备上取得更大的成绩，它实现了以"量化分权"为基础搭建的"赛马平台"，从"相马"迈向"公平、公正、公开"的"赛马式"人才培养机制。

Min-SBU 微事业量化分权对经营组织进一步细分。

以生产部门为例，A 公司按照工序进一步划分阿米巴单元，该企业发现生产链最上游的一个叫做"成分调试"的"微事业"只需一个工序即可独立完成，因而将成分调试独立出来，建设为一个细分阿米巴单元。依此类推，几乎除了少数一体化要求较高的事务性部门之外，A 公司的微事业单元划分工作在整个企业得到落实。细分后的阿米巴单元人数更少、职能明确，能应对市场变化，能灵活调整组织，各单位负责人也能全盘掌握业务状况。

阿米巴单元负责人的确定工作，对搭建微事业经营体来说，重要性不亚于组织的细分。哪怕阿米巴单元再小，其负责人也必须符合诸多条件。譬如，有实力，有正确而坚定的哲学观，有诚实正直的品性，有能够超越自身立场的全局观并能扮演好公正裁判角色。人选一旦确定，即可得到企业的充分授权，其下属的部门机构、人员必须服从该名负责人。

如何激发大家的工作热情，加速成长为一个胜任岗位、并产生高绩效的人才，是管理永恒的话题。阿米巴单元的细化，意味着员工与管理者共享经营理念和信息，意味着更多的中基层管理者开始肩负经营者的责任，这一切最终将有利于经营意识、经营能力的全面提升和经营人才梯队的形成。

对以前的中层管理者来说，阿米巴单元的细化意味着部门领导经营权的下放，促进了他们从"管理思维"到"经营思维"的转变。以前，他们发现员工越

管越懒散，越管越有怨言。劳资对立的问题迟迟得不到解决。如今，他们考虑的不再是怎么去管员工，而是帮员工做好工作、解决问题，以实现集体的经营业绩。量化分权后的管理者不再把自己关在办公室里，而更多的是走到一线现场与员工、客户打成一片，对一线的困难、问题有更深的体会。

对 A 公司高层来说，这种来自中基层的变动也大有益处。大家发现不知不觉诞生了众多以解决问题为导向的经营者，以往忙于"救火"的情况大大减少，可以有更多时间进行方向性思考和决策。

这样的成效是显而易见的。例如，A 公司有一个针对餐饮、水吧、休闲店开发的饮品新事业线，开展 4 年多，销售额还不到 500 万元，对此结果，高层经营者很不满意，而普通员工对此却无动于衷。而如今，新事业在 2011 年 5 月就已经超出 2010 年全年的销售业绩。

第六节　内部交易传递压力，培养全员经营意识

如果不能够将市场压力直接传递到 A 公司内部，那么将很难持续激发和提升各位阿米巴"巴长"的经营责任意识，对人才的持续培养也是不利的。

"蚯蚓经营"构建过程中，沿着企业组织和量化分权的步伐，趁热打铁展开独立核算与内部交易，在企业中彻底落实"销售额最大化、费用最小化"的经营原则。

独立核算与内部交易能直接在各阿米巴单元间建立竞争关系，使其感受到外部市场的压力。同时，给员工以实质上的能力提升，进而带来工作效益的进步，并最终体现在精神满足和收入增长上。

内部交易制度与内部交易会计是为独立核算服务、将战术直接转化为战斗的实用工具。因此，内部交易会计的导入和激活，内部交易体制的建立和完善，对企业来说不可或缺。

一、构建内部交易的市场化运作模式

在老师的带领下，A公司系统学习了"内部交易会计"的原理，构建起自己的内部交易模型，在企业内部实现了"市场化运作"。

内部交易的实际操作路径即为把下道工序的阿米巴单元视为上道工序阿米巴单元的客户，各阿米巴之间以物资与服务等为"商品"按市场化方式进行交易，一切交易全部按对外交易一样处理、一样讨价还价，最终把产品销往客户手中。

以A公司中一个负责原料调制的车间为例，该车间被确定为一个阿米巴，是一个实现独立核算的"直接利润中心"。内部交易中，该车间被视为一个独立运作的小"企业"，可以设法低价向"内部供应商"购进"商品"，同时其生产的"成品"也可以供应给"内部客户"。一旦它与下道工序中的阿米巴单元达成交易意向，钱货两讫，就算实现了销售。

需要警惕的是，内部交易展开之前，假若没有实现企业经营理念的贯彻，结果将容易导致企业内部的管理和人际关系的复杂化、利益冲突的尖锐化。因为内部交易及其衍生的一系列核算工作都需要员工耗费更多的劳动、精力，若久久不能胜任工作要求，又缺乏好心态，其积极性将会被摧垮；若自私自利、互相倾轧的心理得不到扭转，个别阿米巴单元将为自保而损害其他阿米巴利益。所以，对员工进行教育是企业在正式导入阿米巴经营前必走的一步棋。

A公司在老师的指导下，时刻不敢放松警惕。企业高层时常召集各阿米巴"巴长"，集思广益总结出实际操作中容易遇到的问题，并制定了相应的交易规则，专用于操作、指挥内部交易并应对各种问题。

A公司曾出现过这样的问题：有一位新上任的阿米巴"巴长"突然向公司提出要把一名拿着高工资的骨干员工踢出自己的团队，他的理由是：因为要支付这份高工资才让本阿米巴单元的成本过高、利润低于预期。这个理由正当吗？不过，他最终准确确定了这位骨干员工不是"利润硕鼠"，而是促进产量的"创收功臣"……真相大白。而他自己也意识到了个人工资与利润奉献之间的关系，经营智慧有了长足的进步，对阿米巴经营的理解也更加深刻了。

二、制定合理的内部交易定价标准

各阿米巴单元进行购销交易，必然涉及各工序环节的定价问题。

内部交易价格是各阿米巴单元之间用于产品交换及利润计算的内部转移价格。但是有的阿米巴输出的是劳务，有的则是货物实体，作业模式种类繁多，交易价格缺乏客观的基准，怎么办？这一问题难倒过众多企业，A 公司也不例外。

例如，下游环节的阿米巴尽可能地要低价，上游环节则"狮子大开口"，谁都无法在实现个体利益、自身发展的同时，也让企业的整体利益最大化；销售阿米巴为了自身的利益轻易对客户降价，而生产阿米巴却无法让成本降低同样幅度，认为本次交易将导致自身的"入不敷出"，因而拒绝接单……不和、内斗的"蝴蝶效应"最终将导致企业发展的后劲不足。

但是，一个严峻的问题摆在 A 公司面前。每个节点的定价都应当让各阿米巴认为公平合理，能被各方接受和认可，但要实现这点谈何容易？定价方案调整多次，但总有个别人认为不公平。

定价标准众口难调，如何解决？

A 公司中，产品实体额的真实成本和利润都可以衡量，也可以把实际成本作为交易价或在标准成本、成本率的基础上，根据预期售价（订单价）倒算出各道工序的"成交价"。其他无形商品，如服务定价的操作。方法有不少，譬如"市场定价法"、"比例定价法"等。研究各工序的部门费用、公共费用、技术难度、劳务费用、劳力、部门时间、公共时间后，A 公司管理者敲定了最适合自身的方式。之后，他们又对一些相关"商规"进行确定，比如对半成品不做计价评估，综合管理部的运作费不让各阿米巴单元分摊等。

在大家集思广益下，根据自身的业务特点，A 公司终于制定了一致认可的内部交易定价。

三、内部交易模式下 A 公司的变化

内部交易模式启动后，企业内最先出现的变化就是产品库存数量立即大幅度减少，这让财务部门诧异不已。

产品库存数量多一直是 A 公司的老大难问题，久久未得到消除。之所以会产生这种现象，是因为之前库存产品的去留对生产人员的业绩无影响。而现在情况却大不一样，面对在制品，生产人员只有两种选择：一种是让它们继续滞留车间，导致本阿米巴的运营资金被占用；另一种是只要它们被交出去，就被计入"销售"，为阿米巴带来"业绩"。显而易见，现在每个生产人员都希望尽快把"采购"的货物加工完，再迅速转手给下游的阿米巴。

不久之后，A 公司经营者发现，在内部交易的"压力疗法"的作用下，员工的成本意识大大提高。由于内部交易制的存在，交易需求不只是掌握在销售部门的手中，而是从市场终端一级级沿着供应链向上传递，让每个环节、每个员工都能对企业的市场经营压力感同身受。同时，由于内部交易中买家可以选择从哪里买，因此在同质阿米巴之间造成竞争关系，为确保自己所在的阿米巴"生意兴隆"，不被视为累赘或被"取缔"存在资格，每个阿米巴团队都自觉对各种开支进行精细化的经营和主动改善，如适当使用二手货、使用临时工、"即用即买"、部分外包等。

第七节　活用经营会计，化员工被动为主动

曾经很长一段时间里，A 公司由财务部门全权操盘复杂的核算、评价工作，其用的报表过度专业化，让其他部门人员看得一头雾水，而且普遍质疑这些他们看不懂的数据中是不是有水分。尤其是某些工作需要改善的部门与人员，更容易

对财务人员的统计结果抱有抵触心理。经此质疑，财务部门的人也满腹委屈，认为自己的工作没得到大家的尊重。

如今，随着内部交易的不断展开，A 公司对彻底改进会计系统的意愿达到前所未有的强烈程度。财务部也在不断思考："可否将组织业绩分析和业绩评判工作分摊到每个基层单位？到底有没有能取得大家一致认同的会计数据？可否让企业经营结果、改善成果更一目了然？"

一、展开更加精细化的核算管理

很快，在老师的协助下，"经营会计"在 A 公司逐渐完善起来。A 公司也建立起了精细的数据统计和分析系统，实现核算管理的及时性和业务的"即时管理"，并逐步提升"单位时间"的核算水准，在实践中确立与市场挂钩的部门核算制度。

在核算规则的选择上，笔者开始建议 A 公司不拘泥于会计常识，而是回归事物本质，回归企业现时需求，灵活运用经营会计系统量化工具，上升到对"单位时间核算表"的运作管理，向每日核算的目标前进。

二、量化考核的深入推进

紧接着，A 公司经营者将量化考核制度与经营会计的单位时间核算表相结合，以处理好员工薪酬及考核结果的关系。由于经营会计所使用的工具都具有简单易用、易懂的特色，因此，员工很容易就数据达成一致共识，对考核结果也更加信服。

三、如何化员工被动为主动

在上述工作之后，A 公司的财务人员充分发挥自身的监督、控制职能，根据收入费用配比的经营原则，检查各个会计期间或某个阿米巴单元所取得的收入，是否与为取得该收入所发生的费用相匹配。

过去，因为难以查明一些部门所需要的合理运营费用以及费用的成效，因此A公司管理者的财务管理往往是盲目的，哪怕有时觉得费用高得不合理，但也拿不出有说服力的理由。以销售费用为例，各区域经理对自身产生的效益、成本比也很懵懂，对各办事处的费用缺乏理性分配，反而会把经营不佳的理由归结为销售资金不足，于是对"销售费用"的争取向来是多多益善，完全没有"节约销售费用就是为公司盈利"的意识，而总公司每年制定的"销售费用"预算连明确的量化标准都没有，所以很难判断各区域预算额的合理性。

而现在，经营会计为A公司打造出一副火眼金睛，使得每个会计期间、每个部门所获得的净损益一目了然，也帮助该企业找出诸多成本漏洞，如表7-2所示。

表7-2　《内部交易会计报表》简化版

销售额	对企业内	A1	
	对企业外	A2	
	总额	A0（A1+A2）	
内部采购		B0	
销售净额		A（A0-B0）	
费用	部门内直接	B1	
	部门内分摊	B2	
	SBU间接分摊	B3	
	合计	B	
收益（附加值）		C	
工时	正常	D1	
	加班	D2	
	部门内分摊	D3	
	SBU间接分摊	D4	
	合计		
部门内月均人员总数		E	
月单位时间收益		F	
月单位时间销售净额		G	
月人均收益		H	
月人均销售净额		I	
月订单总额		J	

以西北大区为例，总公司一直无法确定其净损益，只看到其每年业务量较大，因此对该大区很为满意。直到该区被独立为一个阿米巴单元，并启用精细化独立核算后，A公司高层顿时大惊失色：据《内部交易会计报表》（即《单位时间核算表》）显示，该大区竟然销售额做得越大，亏得越多。

这是怎么回事？一朝"功臣"变"罪人"的大反转，让该大区负责人，即现在的"巴长"也大惊失色。通过查阅《内部交易会计报表》做出进一步确认后，该区域虽然自身的业务量大，但是销售费用和储运成本也极高。按照收入与效用配比原则，高成本必须以高收益为支撑，而该大区"入不敷出"，拿的是不该得到的高提成，这样的经营已然失衡、无法长期维持。

进一步分析，由于该大区负责人之前认为本地市场远离总部，因此申请在本地建立一个产品中转仓并得到公司同意，该中转仓一年的维护运营费用就需要近百万元。同时，为保证客户服务的即时性，该办事处采取的是小批量、多批次的送货策略。虽然出发点没错，但是却直接导致了运输费用高得离谱。

在充分认识到自身问题的同时，该负责人也想到了扭亏为盈的切入点：如果把这两方面的成本砍掉一半甚至更多，那我负责的阿米巴不就很快实现盈利了吗？

传阅内部交易会计报表后，该大区所有人员迅速达成了一致认识：要想尽办法降低费用，并立刻采取行动，不做企业的"利润硕鼠"！

看到此局面，A公司深刻感受到简单实用的经营会计系统是促进员工从"执行者"转向"经营者"的最大功臣之一。

第八节　业绩发表会加速培育经营人才

各种经营管理系统在不断搭建和运行中，A公司考虑如何促进员工的能力提升到一个新高度。要知道，很多阿米巴"巴长"的上任都是临危受命的，他们或许有不错的经营意识和使命感，但是还缺乏与权力使用相匹配、可以辅助他们走上更高领导岗位的能力。

如何加速各位阿米巴"巴长"的成长？

为此，道成智聚的老师开始辅导 A 公司搭建"赛马舞台"，如图 7-10 所示。

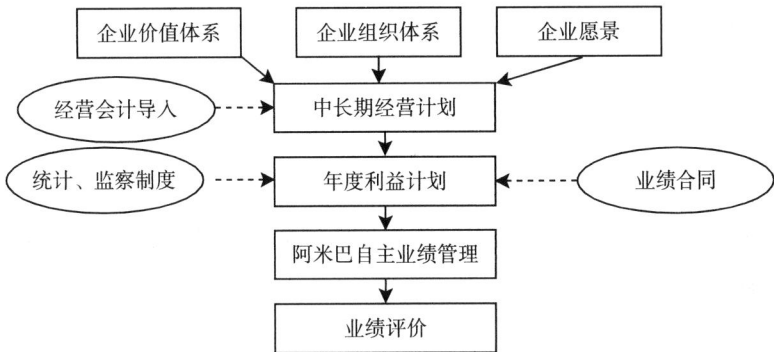

图 7-10　阿米巴"赛马舞台"

一、不同类别的阿米巴运作会议

"巴长"不仅负责所辖阿米巴的日常业绩管理，自主决定方方面面的事务，每过一段时间还要参加大大小小的会议，将经营经验进行汇报总结。

用以辅助阿米巴运作的会议主要有三种，如图 7-11 所示。

	每日会议：为阿米巴自主业绩管理而召开的会议，即通过晨会/交接班会的形式交流前一天的工作结果，表扬进步、分析原因并改进，会议记录将被写在《营运手册》上并定期上交
	周会：为阿米巴短期业绩评价管理工作而召开的会议。每周特定时间，阿米巴单元进行经验分享和问题总结，由上级及时辅导有问题的阿米巴单元并表扬表现优秀的单元，会议记录需在会后发至总部存档
	组织业绩分析和评价报告会：为阿米巴业绩评价管理而进行的大型会议。在该会议中，每个阿米巴单元巴长检查各自经营成果，并向大家讲解自己经营思路以便为各自的活动内容"打广告"，扩大内部交易优势

图 7-11　阿米巴运作的三种会议

这些会议均可提高全员的经营意识，激发参与阿米巴活动的热情，也让企业管理进一步透明化，可谓集培训会、述职报告会和交流会的功能于一身。

比如，高层经营者可以在会中把经营理念和方法传递给各位"巴长"，"巴长"又把行动方案、未来计划传达给单元内部人员。而组织业绩分析和评价报告会的作用尤其大。该会议又被称为业绩发表会，不仅具有其他会议所共有的作用，还是阿米巴单元、经营人才一较高下的战场。

二、阿米巴业绩发表会的展开

发表会中，主持人将通报每个阿米巴单元的横向排名，然后每个"巴长"开始 15 分钟的月度（年度）总结与案例分享。他们发表的谈话大多是围绕自己为增加销售额、降低费用而做的努力。

"台上一分钟，台下十年功。"

虽然只有短短的 15 分钟，但是发表会对每个阿米巴单元，尤其是"巴长"来说意味着较大的压力和众多准备工作。若所负责的阿米巴不能漂亮地完成经营任务，不但"巴长"演讲时没有底气，说不出建设性的话，就连台下的团队其他成员也坐立不安。

此外，光做出成绩还不够，倘若各阿米巴"巴长"事先没有准备 PPT 式演讲稿，没做好经营会计报表中的数据分析，上台后同样会没内容可发表或讲得不流畅。通过这样的发表会，可以培养员工的经营会计运用水平，激发强烈的使命感、荣誉感，还能帮助企业经营者发现有潜力的"巴长"人才苗子。

在上一节中，我们已经谈到，A 公司中西北区的一个阿米巴单元经营不佳。在月度的经营发表会上，该阿米巴"巴长"对自己的工作业绩发表了讲话。

他将该区域的《内部交易会计报表》展示在 PPT 上，向众人详细讲解，哪怕面对过去看似盈利实则亏损的事实也没有回避，他对自己的经营不善向大家致歉。

这样的坦率显示出其身为经营者的责任感，与会的众人都对其态度表示肯定。

之后，他没有逃避自己该负的责任，提出将从让客户的发货变得规律、设法取消中转仓的这几点着手改进。

发表会之后，该"巴长"又主动找到储运部，与其就改善计划的实施进行协商，并推心置腹地说，一旦计划成功，储运部将节约高额的间接分摊费用，储运部的经营业绩也会因此得到较为显著的改善，该计划的互利性得到储运部的大力配合。

在两个月后的发表会上，该"巴长"又一次站到台上，欣喜地汇报改善计划已经取得成功，自己带领的阿米巴单元已真正实现了盈利。

原来，根据与储运部的合作调查，他们发现自己过去高估了市场难度，原以为必不可少的中转冷库完全可以撤掉，而且不会影响服务水平。当改善的结果在报表上"亮相"时，获得台下一片掌声，这也让其他区域的阿米巴"巴长"眼前一亮。原来，他们也对中转仓的存在困扰了许久。有西北大区做榜样后，另一个区域也很快依据同样的方式取消了中转仓的设置。

据统计，这一个改动让 A 公司每年削减近 200 万元的固定费成本。

经此一役，该西北区域办事处的负责人证明了自己的智慧。但对他来说，更重要的收获是来自团队成员和其他阿米巴的赞赏和感激。

阿米巴经营不提倡把个人、小团体薪水与业绩即时挂钩，而是以在工作中感受到的人生意义和成就感为最高荣誉，这也正是稻盛和夫所提倡的非物质奖励法。它简单易行，却能在企业中构筑起家庭成员般的人际关系，让员工对企业有更深的归属感。

通过这样的业绩发表会，很多优秀的人才、小团队逐渐崭露头角，扩大了自身在企业中的影响力，为他们走向更广阔的舞台、胜任更高的岗位打下了坚实的基础。从这些人中，A 公司在两年里培养出 8 名事业部长及七大职系的重要人才，为高层管理队伍注入了新鲜血液。

阿米巴经营是真正为企业源源不断快速培养人才的经营方式。

第九节　塑造循环改善的高绩效文化

有了业务部门的带头作用，A公司员工都开始专注于解决所在阿米巴的经济效益问题。

例如，A公司的新产品线一直不能在市场上打开局面，如今情况却大不一样。营销、市场、研发部门开始围绕同一个目标——"组合拳"战略——展开行动，彼此互动良好，再加上量化分权理清了他们之间的责任关系，推诿、埋怨均大大减少。受种种因素的影响，新产品的研发工作进展神速，推向市场后也表现出强大的市场竞争力。

在自主改善的过程中，生产部门也实现了能耗、库存、原料总制造成本等的大幅度下降，员工得到的是更快的成长、比原来更高的收入回报和阿米巴经营带来的乐趣。

员工不断改善自己的工作，企业高层同样劲头十足。大家一起进行资源自动化部署、展开员工自主经营的前瞻性研究等。

A公司还建设了一个高度灵活的新型IT基础架构，使其能够满足时刻不断变化的阿米巴经营组织的统计分析需求，项目主要涉及对财务和ERP领域的优化。这一行动让A公司如虎添翼，把企业文化、业务现场、员工个人集合成三位一体的能量场。

在员工与企业的互助提升中，最高领导人的企业家思维能力及中高层管理者的经营能力不断突破，普通员工的经营意识与能力不断提升；企业全员的思维方式都在转变，与最高领导者的意志更趋于一致；企业内部的竞争与合作达到较好的平衡，部门之间的隔阂逐渐消融；推崇创新、争创高绩效的良性企业文化氛围开始形成；组织运作更透明，人才能力和对组织的贡献得到客观评价，原来在经营过程中看不到的盲点也不断暴露。

至此，A 公司的"量化分权"达到了更高"水准"，继续向着实现自己企业特点的"阿米巴经营"道路上不断攀登，在企业内部形成了可积累的 T/S–IPDCA 经营循环改善。而此时 A 公司引进【理念+算盘】构建量化分权的阿米巴经营模式已经走过一年多了。

在 2011 年的年度经营成果发布会上，A 公司成功突破了发展瓶颈，在 2010 年销售额的基础上再次实现 40%以上的增长。

后　记

我每天接到来自全国各地企业家们的咨询电话，不断进行阿米巴经营实践的答疑。

在多年的研究和咨询实践过程中发现，稻盛和夫所创造的阿米巴经营理念虽好，但由于中日文化等各方面的差别，加之大部分中国企业只是按照《阿米巴经营》书中介绍的内容去实践，其结果是能够很顺畅推行的中国企业并不多见。

此外，受传统西方管理科学思想和企业管理咨询方式的影响，企业往往只看到了阿米巴经营的"形"，而忽视了它的"神"，只从某一个面下手，以咨询顾问为主来推进。这种只注重方法论的做法，导致阿米巴经营的精髓难以根植于中国企业。

凭借我近20年的中日企业经营研究和两国工作经验，并不断总结成功案例，独创出适合中国企业的【理念+算盘】自主经营核心知识体系，使得中国企业在实践阿米巴经营的过程中，有了系统的指导依据。我相信，只要正确掌握经营的原理、原则，抓住阿米巴经营的灵魂，并做到"对症下药"，中国的大地上必定能长出属于自己的阿米巴经营。

在长期的咨询与实践中，我和我的团队凭借在经营系统性、实战性方面的卓越服务能力，得到了包括华为、中兴、传化、中外运、方太、海南航空等国内一流企业在内的众多企业的认可与支持。

我对阿米巴经营在客户企业中的顺利推进并取得显著成效而感到欣慰，为自己能帮助中国企业的转型升级尽微薄之力备感幸福！在众多客户、企业家朋友们的强烈要求和支持下，我把多年工作、咨询中得到的经验总结出来，予以分享，以促进实现道成智聚经营咨询机构"千万亿工程"的愿景。

今天，以阿米巴经营为代表的【理念+算盘】自主经营正迅速影响着中国企业，它为中国企业的持续成长开辟了新的思路和灵感，相信阿米巴经营也一定能在这里落地生根，爆发出强大的能量。

一、"九段"高手：稻盛和夫

"吾等定此血盟不为私利私欲，但求团结一致，为社会、为世人成就事业。特此聚合诸位同志，血印为誓。"

这是稻盛和夫从第一家公司辞职后，决定和七位同事共同创业时的誓词。年轻的稻盛和夫，从那一刻起，正式开始了他的商业传奇。

稻盛和夫曾身患肺结核，与死神擦肩而过。经历过员工集体递血书的请辞事件；因经营分身乏术创造阿米巴经营模式；带领两家企业进入世界 500 强；身患癌症并神奇痊愈；晚年皈依佛门；80 岁高龄重新出山挽救破产日航空……他传奇般的人生经历，最终成就了一代日本"经营之圣"。

稻盛和夫到底是怎样的一个人？

在他众多的人生角色中，其中有四种角色最为深入人心——商人、企业家、哲学家、经营顾问。

一般认为，当这四种不同身份的个体聚集在一起时，很容易出现激烈的碰撞。可是稻盛和夫却将这四种角色兼顾与融合，达到了高度统一与完美融合，这本身就是一门伟大的艺术，单从这一点出发，就值得人们去探究。

（一）稻盛和夫第一面：天生的商人（经商天才）

商人天生具备敏锐的洞察力，善于发现潜在的盈利空间（商机）。

稻盛和夫恰恰有这样的天赋。他从小家境贫寒，家庭仅靠倒卖一些日用品维持生计。幼年的稻盛和夫受父母的影响，学生时期就开始做起了小本生意。大学毕业后，稻盛和夫想成为顶尖技术人员的理想破灭而创立京瓷公司。在京瓷创业的最初几年，遭遇重重困难，几次濒临倒闭，稻盛和夫以他个人的睿智与魄力力挽狂澜，最终带领京瓷在 2001 年冲入世界 500 强。

如果没有一定的商业头脑，一味蛮干是无济于事的。稻盛和夫作为商人的高明，在他去美国出差时又一次被激发了出来。他发现美国的电信资费非常低，而在当时的日本，电信资费是非常高昂的。如果是一个普通人看到这样的情况，顶多会感叹或抱怨几句，但稻盛和夫却看到了巨大的商机。回到日本之后不久，他就创办了日本 DDI 通信公司（后更名为 KDDI），后来成长为仅次于日本第一大电信公司 NTT 的大企业，2001 年与京瓷同时迈进世界 500 强的行列。

商人总是想尽一切办法争取利益最大化，稻盛和夫将商人的逐利性发挥到极致，他为自己的企业制定的"经营十二条"，其中明确规定了"销售最大化、经费最小化"的经营原则，并通过会计核算贯彻到每一位员工，核算到单位每小时。而这也让他的企业几十年来保持高利润，从未亏损过。

（二）稻盛和夫无法割裂的两面：企业家与哲学家

我国著名学者季羡林曾这样评价稻盛和夫："根据我七八十年来的观察，既是企业家又是哲学家，一身而二任的人，简直如凤毛麟角。有之自稻盛和夫先生始。"正如季羡林所言，真正做到哲学家与企业家一身二任的人少之又少，将两种身份合而为一的难度之高可想而知。

在中国的传统观念里，人们对商人总是带有一些轻视，似乎商人都是"唯利是图"，为了利润不择手段。

然而一个单纯只为了赚钱、满身都是铜臭味的商人，始终无法得到大众的尊重。想要获得社会的尊重，就要向更高的层次迈进——成为一个企业家。

抛开企业规模、性质等客观因素，商人与企业家的根本区别就在于能否为员工、社会做出更多贡献。企业家从商人的单纯利己扩大到为社会做贡献，需要价值理念的彻底转变。从这一点上来说，就必须以根本上的哲学思想转变为基础，否则也只是做做样子，表里不一。

"经营之圣"也不是一朝一夕炼成的，稻盛和夫同样走过一段坎坷的心路历程。

京瓷创业不久，发生了"反稻盛事件"，10名新入职的员工跑过来要求改善待遇，还写下了血书，并提出强硬要求。最后稻盛和夫以自己的生命作担保，劝阻员工留了下来。经历这一次挫折，他深刻地感受到：任何一位员工都和他一样，是怀揣着梦想，抱着把自己的一生托付给公司的决心在工作的。从这次事件中，稻盛和夫彻底明白了经营企业不仅仅是为了赚钱，更肩负着员工一生的幸福，不仅要利己，更要以利他作为前提。他之后就确立了"在追求全体员工物质和精神两方面幸福的同时，要为人类社会的进步和发展做出贡献"的经营理念。后来稻盛和夫在实践中又不断总结和完善了自己"敬天爱人"的经营哲学。

稻盛和夫日后所有的经营行为都要回归到"敬天爱人"的原点，以"做人何谓正确"的利他经营出发作为判断标准，他的思想已经达到了一个哲学家的高度。

这也是稻盛和夫一生始终屹立于商海的最大原因。稻盛和夫从一个生意人，脚踏实地，一步一步登上了企业家与哲学家的更高台阶。

（三）稻盛和夫的"第四面"：心怀天下的经营顾问

日本的"经营四圣"（松下幸之助、本田宗一郎、盛田昭夫、稻盛和夫）中的松下幸之助曾在1979年创立"政经塾"，旨在培养爱国爱民、以新思想推动日本进步的经营者和政界人才。

稻盛和夫在他的启发之下，于1983年在京都创立了旨在培养日本中小企业家的"盛友塾"（后更名为盛和塾）。经过近30年的时间，盛和塾不断发展壮大。稻盛和夫也为此倾注了极大的精力。

在盛和塾成立初期，每次盛和塾的聚会，稻盛和夫都会抽出时间亲自参加。他已将自己的哲学思想和经营之道传播给了无数的经营者，为日本企业的发展做出了巨大的贡献。稻盛和夫对中国一直怀有很大的兴趣，或许因为他的思想从根本上是源于中国的传统文化，与中国有着密不可分的联系。稻盛和夫在年事已高之际仍多次来中国，支持盛和塾在中国的发展，这种无国界的精神，足见他了无私心、心怀天下。

2010年1月，已经退隐多年的稻盛和夫，在日本首相三顾茅庐的情况下决定出山，拯救原亚洲最大的航空公司——日本航空。由于难度巨大，稻盛和夫也从未涉足过航空业，很多人都劝他不要冒着晚节不保的风险去蹚这摊浑水。

但是此时的稻盛和夫已经不在乎自己的荣辱，提出了日航不能亡的三大理由：一是日航破产将给日本经济造成重大损失；二是必须保护5万名日航员工的利益；三是必须避免全日航空垄断，给消费者造成损失。可见稻盛和夫心怀天下的崇高胸襟。

稻盛和夫作为一个门外汉，在政府要求的两年拯救期内，除了带上自己在京瓷的老助手前往日航辅助自己，并没有带任何的老部下。他调动了全员的经营意识，为日航顺利植入了经营哲学，量身定制出符合航空业特点的阿米巴经营模式，让日航重新飞向蓝天。可见，他名义上为日航的董事长，更是日本政府邀请去为日航导入阿米巴经营的顶尖咨询顾问。

稻盛和夫的四面不是孤立的四面，而是形成了一个整体——你中有我、我中有你，互相渗透、互相融合，最终向我们呈现了一个几近完美的"经营之圣"的伟岸形象。

二、用经营把管理变简单

对于稻盛和夫创造的一个个经营奇迹，我们总能如数家珍。然而，我们在感叹"经营之圣"伟大的同时，更应该深入地思考他到底凭什么如此成功。

稻盛和夫初到日航时，首先看到的是日航的定位不清晰、机构官僚，以高层为首的全体员工严重缺乏经营意识。对于日航的内部管理问题只字不提，甚至稻盛和夫在上任一年之后面对记者提问时都这样回答："在全体员工的努力下，即便在组织没有做出什么改变的情况下，日航就已经实现了1884亿日元的历史最高利润，相信在阿米巴经营体系导入日航之后，一定会更加优秀。"

在稻盛和夫看来：企业的管理问题只是表象，其根源不在管理本身，而是经营出了问题。唯有从经营的角度出发，才能将复杂的管理问题实现简单彻底地解决。

而他的经营之道也称为阿米巴经营，并没有以"阿米巴管理"或者"阿米巴经营管理"来命名，因为这样的叫法都是不正确的。

（一）经营与管理有本质区别

在中国，企业经常把经营和管理混为一谈。而事实上，经营和管理虽然有着紧密联系，但也存在着本质的区别，如表1所示。

表1　经营与管理的区别

对比项	经营	管理
定义	"经营"是指：使企业朝着某目标、对企业进行的继续性的运营。科学与艺术的结合	管理的本质定义：指把看到的事情做得符合目的、合理、高效 管理的科学定义：指计划、组织、领导、指挥、协调、控制
涵盖的内容	经营哲学、经营理念、经营原理·原则、商业模式、盈利模式、新事业开发、战略、展开策略等	如何确定组织 如何编制制度、流程 如何安排人事
重要性	经营是方向、方针、策略，经营决定企业的前途	管理决定效率和利润高低
思维方式	经营是系统思维，是全局性的	管理是模块思维，是局部性的
启动类型	经营是主动思考，是"疏通"	管理是被动思考，是"堵"
侧重点	经营更关注未来，具有预见性，但也并不忽略现阶段具体情况	管理注重现在，力求把当前的工作做得符合目的、合理、高效
	经营注重的是思维模式，原理、原则	管理注重工具和方法
	经营注重培养理念一致的"人才"，假设前提是"以人为根本"	管理侧重"控制风险"，假设前提是"人性本恶"

仔细研究经营与管理的不同，将为企业经营管理带来很多启发。

从上述对比可以一目了然地看出，经营注重的是思维模式、原理·原则，侧重于理念和策略方面，强调主动思考和系统思维。而管理则侧重于工具和方法，更多的属于制度范畴。

制度、工具离不开理念、经营原则的指导，理念、策略又必须遵循经营的原理展开，依托制度、工具为载体得到有效贯彻。二者不可分割，更不能混淆，这就是经营和管理的联系与区别。

（二）管理的问题往往只是表象

"横看成岭侧成峰，远近高低各不同"，这句话用在企业经营管理问题的分析上同样适用。

大部分企业都会遇到各种各样的问题，企业人力资源、市场营销、财务管理、生产制造等方方面面，纷繁复杂。如何解决这些问题是对企业高层的重大考验，多数经营者往往会选择从各职能模块进行改善，而真正的问题可能隐藏在"冰山之下"。

以企业中常见的"人员流动高"为例来分析。

大部分管理者会认为是薪酬低下、缺乏晋升空间、人力资源管理制度不佳或是企业文化出了问题，其实这都是从模块化的管理思维出发来认识问题。而实际上造成上述原因的，往往在于企业领导人缺乏人格魅力、企业劳动生产力水平低下、晋升发展空间有限，或者是企业收益情况虽然可观，员工的待遇却没有随之得到提高。因此，要彻底解决人员流动性大的问题，经营者首先必须转变思路，同时从提高生产水平、促进销售增长、适当拓展业务范围等方面同步解决。而这些都是从经营的层面才能解决的问题。由此可见，员工流失表面上属于人力资源管理方面的问题，但是仅仅从人力资源层面上无法彻底解决，最终还必须从经营高度来解决。

之所以企业管理方面出现种种问题，其根本原因不在管理，而是经营出了问题。唯有从经营的高度找到问题的根本，才能彻底解决管理问题，真正把管理简单化。这就像几千年来，人们在地球的表面无法看清地球的全貌，而在太空一切都变得一目了然一样。

京瓷恰恰运用了这种策略，从经营的高度寻找解决问题的方式。通过抓住"经营主脉"，即经营的目的和结果，创造高收益，通过经营乐趣调动员工积极性和创新思想，从而化被动为主动，把复杂的管理简单化，使京瓷得到持续的成长和高利润。

三、从管理咨询迈向经营咨询

伴随着中国企业的急速成长，推动了中国管理咨询行业走向繁荣，从麦肯锡、埃森哲、翰威特等为代表的世界知名咨询机构纷纷抢滩中国，到中国本土咨询机构的逐渐崛起。经营者和顾问们在对经营真谛的不断探求中结伴前行。

（一）导致管理咨询失败的主要原因

目前，国内大大小小的管理咨询机构数十万家，稍有些规模的企业，几乎都接受过一次或多次的管理咨询服务。然而，大量的实践结果表明，企业因为通过接受管理咨询服务取得全新突破或带来显著提升的少之又少，对于企业内部的人才培养也没有带来多少帮助。企业付出了大量人力、物力，还是无法改变现状，有的甚至还起到一些反作用。

广州道成智聚通过研究与分析大量企业接受管理咨询的失败案例，试图找出真相。

（1）企业对咨询服务的认识。一些企业认为只要请来管理咨询顾问，就可以放手把一切问题交给顾问。如此一来，无论是问题诊断还是改革方案的制定，全部由顾问单方面主导完成，企业从主人翁变成了参与方甚至旁观者。且不说方案是否符合企业实际情况，就算是再完美的方案到实施时一定也会遭遇巨大难题。

（2）咨询方案的得出。目前的管理咨询服务，一般程序是顾问进入企业之后展开调研诊断，紧接着就展开问题的分析、交流，之后撰写解决方案，然后再做方案的可行性汇报和修正。这一切都在顾问的主导下完成，最终改革方案的可靠性必须以顾问能够准确、全面地获知企业真实信息为前提。再高水平的顾问要想在短时间内做到这一点，几乎是一件不可能完成的任务。另外，管理咨询往往从某一两个管理模块下手。而企业是一个整体，问题的出现可能涉及方方面面，如果不能够从整体、全局的角度出发，得出的方案往往都只是浮于表面。

（3）方案的推动实施。我们先假设顾问拿出的方案是正确的，接下来就是具体的实施。首先，企业并没有参与方案的制作，必然很难真正理解方案设计的缘起，由于员工的不理解，在推行过程中必然心不甘、情不愿，这是方案推行难的核心原因。其次，如果有顾问在企业内辅导推行，方案有可能得到推动，或许可以见到一定效果。而顾问一旦撤出，企业面临新问题时很容易面临束手无策、推行终止的尴尬。

总之，传统管理咨询模式下，企业不但面临方案正确与否的巨大风险，也很难真正获得实施方案或在推行中调整改善方案的能力。而能力无法得到真正提升，将导致长期难以摆脱对顾问的依赖，咨询成本也居高不下，传统管理咨询受到越来越多的质疑。

（二）经营咨询立足于系统思维

模块思维与系统思维是相对于管理咨询与经营咨询的两种不同思维模式。

模块思维是只看到局部的思维方式；系统思维是把一个完整的系统分成各个小的组成因素，然后分析各个组成因素之间的相互关系的思维方式。

为了更直观地理解二者的区别，我们来看这样一个故事。

一位旅美华人由于背部疼痛到美国的各大医院寻求治疗，几乎所有的医生都告诉他必须通过手术才能解决问题。当他回到国内就诊时，医生听了他的描述之后，并没有直接诊断，而是让他先走几步看看。结果，医生得出的结论是："你的问题不在背部，而是在腿上。你的腿长度并非完全一致，这增加了背部的负担，才引起疼痛。"最后，他没有动手术，而是听从医生的建议，换了一双厚度不同的鞋。经过一段时间的恢复，他的背痛消失了。而如果仅仅为了治疗背部而在背部寻找原因的话，问题可能根本得不到解决。

经营企业也是如此，如果我们为了解决某个管理问题而头痛医头、脚痛医脚，不能深入问题的本质，那么一定会造成事倍功半，走很多的弯路。

经营咨询强调从系统的高度来解决复杂的管理问题，找到问题的根源后再重点突破。

（三）经营咨询更加注重理念的贯彻

经营咨询和管理咨询在展开的过程中都有其必要的工具系统。

然而，一切工具都有缺陷。工具就好比一把菜刀，人们可以用它切菜，制作出美味佳肴；而如果有人用菜刀来伤人，它就变成了一个凶器。这种事例告诉我们：工具本身是没有善恶之分的，差别完全在于使用者的意图和理念。同样的工具，在用于正确的目的时，能够成为有益的工具，而用于邪恶的目的时，则是歹徒的帮凶。

同样，对于企业经营管理来说，绩效考核等一切制度都属于工具，如果缺乏正确经营理念的支撑，就很难期望有好的效果。歹徒行凶时，他的肢体只不过是意念的工具，而犯罪的根源在于他的灵魂。当企业雇佣了一名员工，如果只是雇佣了他的躯体，而没有雇佣一个拥有正确理念和思维方式的完整人，那么，一切管理工具和方法的作用都必然是非常有限的。想要彻底解决企业经营管理的问题，必须通过经营理念的渗透产生作用。也就是说，唯有将工具系统赋予灵魂，才能真正推动企业的持续进步。

如果不能把正确的理念传达给员工，员工的意识水平就不可能得到提升。那么，员工就会认为企业的 KPI 考核就是为了奖罚、为了克扣工资。一旦这种思维方式在员工中蔓延，那么再好的 KPI 考核指标设置都很难发挥出积极的作用。考核绝不是为了扣工资，更不是为了将员工分成三六九等，其根本目的是为了帮助员工进步，是为了培养人才。

所有的制度和方法都有与生俱来的缺陷，唯有用理念来驾驭，制度、工具才能真正成为推动企业发展的助推器。制度的设计要从一切为了培养人才出发，贯彻正确的经营理念。

经营咨询传授给企业如何从正确的经营理念出发，量身定制适合本企业特点的经营工具系统，实现理念的贯彻，让员工像老板一样思考、决策和行动，实现全员的自主经营，彻底释放企业潜能。

（四）经营咨询要以哲学为基础

稻盛和夫在中国的盛和塾讲座中，曾多次围绕同一个主题发表演讲。这个主题就是：企业经营为什么需要哲学？很多人向他咨询管理问题，发现他会从哲学开始讲解。这是他与其他经营大师的一大差异。

他在拯救日航时，让我们深刻地认识到他作为经营顾问的一面。与传统咨询以方案制作为中心、以追求方案的科学性为首要目标不同，稻盛和夫在进驻日航之后，并没有一开始就集中精力试图为日航拿出什么样的改革方案，也没有告诉日航人自己过往的成功都运用了什么样的经营方法，而是将经营哲学的导入作为日航改革的首要任务。改变日航全体员工的"心"，成为稻盛和夫要完成的最重要课题。

企业经营不好，大多数人认为员工能力不足是关键，决定人成功的关键取决于个人能力的不同。甚至很多企业经营者还抱有这样的观念：跟我讲虚无的理念，还不如告诉我一个有效的管理工具和方法。可是在稻盛和夫看来，一切问题的根源都在于人们是否违背了哲学原理。企业问题久久得不到解决，根本不是员工能力的问题，而是因为人们的思维方式有问题。他总结出了著名的"成功方程式"，即人生·工作的结果=思维方式×热情×能力。思维方式作为最核心的要素摆在首位。

综观世界范围内任何业绩持续优秀，乃至基业长青的企业，成功的秘诀都取决于是否具有出色的"经营哲学"。经营哲学可以赋予企业一种优秀的品格，其能唤起全体员工的工作热情、改善的智慧，当下亟须在中国的经营者心中播下健康的哲学之根。

企业经营离不开哲学，经营咨询离不开哲学。

（五）追求咨询的本质，迈向经营咨询

中国企业未来对于外脑智慧的需求越来越迫切，要求也越来越高。传统管理咨询以方案制作为中心而衍生出的一系列项目操作思想和方法，虽然在一定程度上推动了企业的进步，然而也存在诸多的弊端。

如何更好地为企业提供服务？

通过前面的学习，我们明确了管理与经营的根本区别，也明白了企业必须从管理迈向经营，从全局角度来简单解决各类复杂的局部问题。因此，经营咨询从全局出发、从企业问题的根本出发，以经营促管理，实现企业牵一发而动全身的改善。

我们在分析造成管理咨询失败的种种原因时发现，管理咨询之所以难以成功，核心在于其在实施过程中忽略了两个至关重要的问题：一是企业自身才是改革和项目真正的主导，真正最了解企业问题的还是企业自身，最能让企业自身得到改变的还是内因主导，是强烈的主动改变和提升欲望；二是企业对于高端经营人才的强烈渴求，如果在咨询过程中能够真正为企业内部培养出一批高端经营人才，必将大大降低企业对顾问外脑的依赖。

因此，从管理咨询迈向经营咨询是未来行业发展的必然趋势。

1. 立足本质的经营咨询

我认为：咨询·培训行业的本质是——为企业培养人才。为客户企业培养提供方案及执行方案、获取经营成果的实践型经营人才，让企业不依赖于顾问，而改革方案只是这一过程的副产品。

2. 经营咨询展开方式——"自助式顾问"

基于行业本质，我独创出"自助式顾问"的经营咨询方式。所谓"自助式顾问"方式，是基于"最了解企业的唯有企业自身"这样的前提假设，顾问通过向企业传授经营哲学、经营实学原理·原则和工具、方法，在企业内组织开展集中学习、方案研讨、实施辅导，培育客户企业内部人才能力，实现企业问题的"自我诊断"和"自我咨询"。

"自助式顾问"让客户企业透彻理解咨询方案的源起，实现全员对方案的透彻理解和一致认同，将咨询方案推行的阻力降到最小，真正运用于企业；员工边学习、边实践、边改善并迅速产生实际业绩成果（如销售额提升、费用降低），提升员工信心，形成良性循环而"高度化"，不断地提升企业整体经营能力和业绩。

在经营咨询过程中，不仅要告诉客户"需要做什么、如何做"，更重要的是告诉客户"为什么要这么做"。在咨询结束之后，企业方人才能力得到迅速提升，具备了能够独立思考、独立改善和解决问题的能力，最大限度地降低了客户对顾问的依赖。

总之，经营咨询从咨询·培训行业的本质出发，真正造福中国企业。

四、中国企业离不开【理念+算盘】的经营

后金融危机时代，中国企业不但要面临外部环境的复杂多变，还要面对国内经济通胀、成本高涨等现实压力。在员工逐渐转向追求"个性、尊重、归属"和"创造"的新时代里，传统的管理方式正在逐渐失效。

管理不是目的，"获取经营成果"才是企业想要的结果。

多年以来，中国企业大量引进西方管理科学体系，渴望通过不断完善管理体系来达成经营的目的。然而，每一项管理制度和工具都有其缺陷，企业不断用新的制度填补旧有制度的漏洞，让管理变得越来越复杂，而真正唯一能够弥补其缺陷的就是经营理念。

【理念+算盘】是思想体系和工具系统相互渗透的完美结合，用感性来激发人性的潜能和创造性，用理性来客观评价员工的能力和业绩，它将"科学与艺术"、"物质与精神"、"利己与利他"、"义与利"等看似对立面的事物巧妙地统一起来，被誉为迄今为止最符合人性、最科学、最高效且契合当今社会人们个性化需求的经营方式。

当下，中国企业沿着西方管理科学思想构筑起来的经营管理体系，很大程度上束缚了员工潜能的发挥，员工被动地出卖着自己的"四肢"而非"心智"。企业也往往只为员工的现实能力支付报酬，与员工只是一种交易关系，使得员工更为重要的潜能和创造力处于沉睡之中。

转变经营理念和经营管理方式的目的就是要让员工真正"用心"做事、主动思考，站在企业经营的高度和视角，把工作当成一种使命，将企业家的经营意志贯彻到每一位员工的日常行动当中，真正释放"人作为根本"的潜能。

从松下的事业部经营，到王永庆的利润中心，再到稻盛和夫的阿米巴经营，无一不是运用了【理念+算盘】获得了持续的、巨大的成功，他们的成功实践为中国企业的未来发展指明了方向。

用理念拨动算盘，用算盘承载理念，中国企业的再次飞跃离不开【理念+算盘】的经营。

附一 阿米巴经营的本土化之路

把"《论语》加算盘"请回中国！

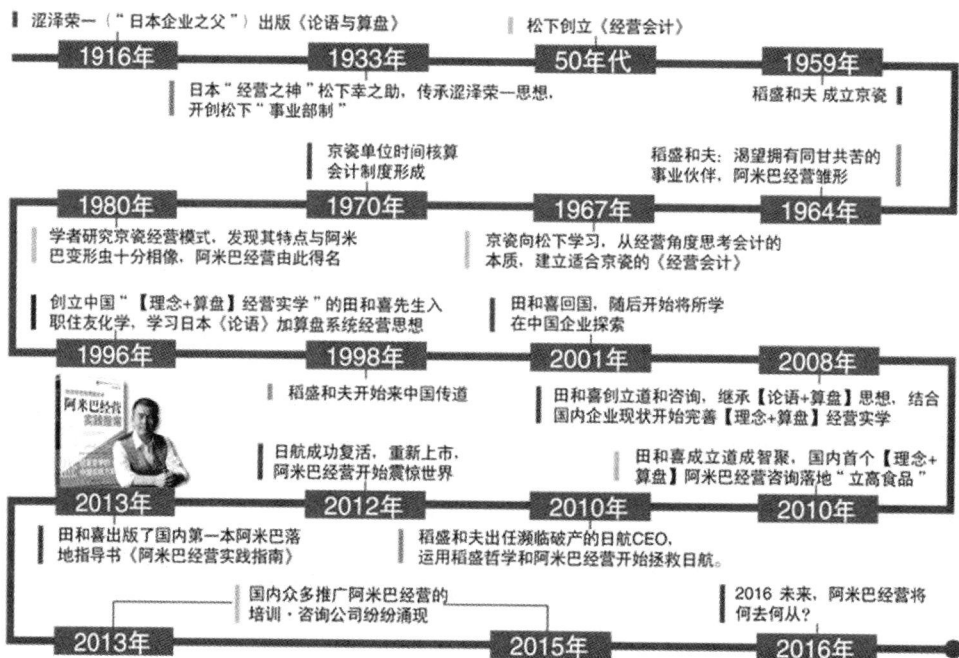

涩泽荣一（"日本企业之父"）出版〈论语与算盘〉　　松下创立〈经营会计〉

| 1916年 | 1933年 | 50年代 | 1959年 |

日本"经营之神"松下幸之助，传承涩泽荣一思想，开创松下"事业部制"　　稻盛和夫 成立京瓷

京瓷单位时间核算会计制度形成　　稻盛和夫：渴望拥有同甘共苦的事业伙伴，阿米巴经营雏形

| 1980年 | 1970年 | 1967年 | 1964年 |

学者研究京瓷经营模式，发现其特点与阿米巴变形虫十分相像，阿米巴经营由此得名　　京瓷向松下学习，从经营角度思考会计的本质，建立适合京瓷的〈经营会计〉

创立中国"【理念+算盘】经营实学"的田和喜先生入职住友化学，学习日本〈论语〉加算盘系统经营思想　　田和喜回国，随后开始将所学在中国企业探索

| 1996年 | 1998年 | 2001年 | 2008年 |

稻盛和夫开始来中国传道　　田和喜创立道和咨询，继承【论语+算盘】思想，结合国内企业现状开始完善【理念+算盘】经营实学

日航成功复活，重新上市，阿米巴经营开始震惊世界　　田和喜成立道成智聚，国内首个【理念+算盘】阿米巴经营咨询落地"立高食品"

| 2013年 | 2012年 | 2010年 | 2010年 |

田和喜出版了国内第一本阿米巴落地指导书〈阿米巴经营实践指南〉　　稻盛和夫出任濒临破产的日航CEO，运用稻盛哲学和阿米巴经营开始拯救日航。

国内众多推广阿米巴经营的培训·咨询公司纷纷涌现　　2016 未来，阿米巴经营将何去何从？

| 2013年 | 2015年 | 2016年 |

附二 开启经营真谛之门

田和喜课程

《阿米巴经营原理与推行实践》

【理念+算盘】8 步连环落地法，打通企业"利润环"

三天实战学习，传授经营真谛，不走弯路，缩短三年以上摸索成本！

■ 课程内容

理念
↓
原理
↓
原则
↓
	开 篇 迈向自主经营，释放企业潜能！
	第一篇 【理念+算盘】阿米巴经营的定义与推行
	  1. 本 质：阿米巴经营与【理念+算盘】
	  2. 经 验：阿米巴经营如何中国落地？
	第二篇 【理念+算盘】阿米巴经营"八步连环落地法"
	  第 1 步：理念明确：用哲学指导经营，大道至简
	  第 2 步：策略定位：策略决定组织，阿米巴推行事半功倍
	  第 3 步：组织划分：将大企业化小，看清经营
	  第 4 步：经营会计：实现数字化经营，以术载道
	  第 5 步：量化分权：让员工自主经营，责权对等
	  第 6 步：内部交易：传递外部市场压力，人人挑担
	  第 7 步：评价改善：暴露问题成长员工，循环改善
	  第 8 步：二元激励：物质与精神双丰收，人心所向
	第三篇 回归原点——稻盛和夫的经营不传秘诀
	课程总结 中国企业阿米巴经营推行的远景！

工具 ↓ 参考表格	14 项课题报表，保障企业落地—— 经营哲学梳理、市场策略清理、组织体系诊断报告、SBU 事业型组织设计、商流地图、阿米巴组织划分报告、《经营会计报表》、量化权责清理报告、内部交易结构关系、内部交易定价、《内部交易会计报表》、《TCD 循环改善报告》、阿米巴业绩量化考评、员工个人业绩考评。

■ 课程对象

企业高层经营团队。推荐企业最高决策人、总经理、经营管理负责人、财务负责人、各核心阿米巴巴长……共同学习，现场达成对阿米巴经营正确推行一致理解，包括：概念认知、推行方法、后续工作内容展开等。

■ 每月 2 期全国滚动开班。报名/咨询：400-678-1387

■ 田和喜老师网站：www.simchn.com

附三　【理念+算盘】经营学社——经营团队的育成摇篮

▶ 学社使命

传播【理念+算盘】经营实学，通过"咨询·培训合二为一"的独特服务方式，为中国企业解决两大核心难题，最终形成中国企业独特的经营体系。

1. 低成本培育与企业家理念一致的核心经营团队；

2. 推动阿米巴经营本土化、"人人都是经营者"的落地实践。

▶ 学社系统传授，稻盛和夫的经营不传秘笈！

年度经营计划是企业实现从"战略"到"战术"落地最重要的经营环节，是企业实现"量化分权"，将经营的权利和责任量化并下放到全员的基础，也是企业实现人才培养及其客观评价的起点。

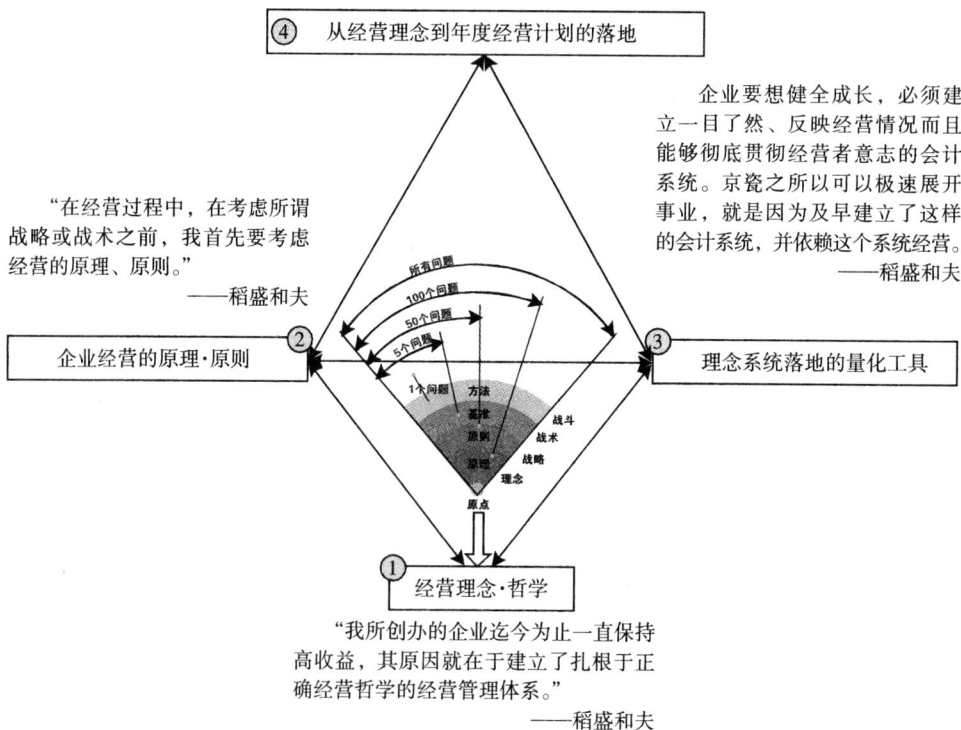

④　从经营理念到年度经营计划的落地

企业要想健全成长，必须建立一目了然、反映经营情况而且能够彻底贯彻经营者意志的会计系统。京瓷之所以可以极速展开事业，就是因为及早建立了这样的会计系统，并依赖这个系统经营。
　　　　　　　　——稻盛和夫

"在经营过程中，在考虑所谓战略或战术之前，我首先要考虑经营的原理、原则。"
　　　　　　　　——稻盛和夫

所有问题
100个问题
50个问题
5个问题
1个问题

② 企业经营的原理·原则

③ 理念系统落地的量化工具

方法　基准　战斗
原则　战术
原理　战略
理念
原点

① 经营理念·哲学

"我所创办的企业迄今为止一直保持高收益，其原因就在于建立了扎根于正确经营哲学的经营管理体系。"
　　　　　　　　——稻盛和夫